财经新知文丛·体验系列

体验智慧城市

邱晓文　编著

中国财经出版传媒集团

经济科学出版社

Economic Science Press

图书在版编目（CIP）数据

体验智慧城市／邱晓文编著 . —北京：经济科学
出版社，2018.2
（财经新知文丛 . 体验系列）
ISBN 978 - 7 - 5141 - 9136 - 3

Ⅰ.①体…　Ⅱ.①邱…　Ⅲ.①现代化城市 – 城市
建设 – 中国　Ⅳ.①F299.2

中国版本图书馆 CIP 数据核字（2018）第 047549 号

责任编辑：白留杰　侯晓霞
责任校对：杨晓莹　杨　海
责任印制：李　鹏

体验智慧城市
邱晓文　编著
经济科学出版社出版、发行　新华书店经销
社址：北京市海淀区阜成路甲 28 号　邮编：100142
教材分社电话：010 - 88191345　发行部电话：010 - 88191522
网址：www. esp. com. cn
电子邮件：houxiaoxia@ esp. com. cn
天猫网店：经济科学出版社旗舰店
网址：http://jjkxcbs. tmall. com
北京财经印刷厂印装
880 × 1230　32 开　6.25 印张　160000 字
2018 年 2 月第 1 版　2018 年 2 月第 1 次印刷
ISBN 978 - 7 - 5141 - 9136 - 3　定价：20.00 元

编委会名单

总　　序

　　党的十八大以来，以创新、协调、绿色、开放、共享为核心的新发展理念日益深入人心。五大发展理念，符合中国国情和发展阶段的基本特征，顺应了时代要求，指明了"十三五"乃至更长时期我国的发展思路、发展方向和发展着力点。深入理解、准确把握新发展理念的科学内涵和实践要求，对于我国破解发展难题，厚植发展优势，实施乡村振兴战略，实现"两个一百年"奋斗目标，具有重大现实意义和深远历史意义。

　　创新是引领发展的第一动力。发展动力决定发展速度、效能、可持续性。树立创新发展理念，就必须把创新摆在国家发展全局的核心位置，不断推进理论创新、制度创新、科技创新、文化创新等各方面创新，让创新贯穿党和国家的一切工作，让创新在全社会蔚然成风。

　　协调是持续健康发展的内在要求。树立协调发展理念，重点在于促进城乡区域协调发展，促进经济社会协调发展，促进新型工业化、信息化、城镇化、农业现代化同步发展，在增强国家硬实力的同时注重提升国家软实力，不断增强发展整体性。

　　绿色是永续发展的必要条件和人民对美好生活追求的重要体现。绿色发展，就是要解决好人与自然和谐共生问题，就是要走生产发展、生活富裕、生态良好的文明发展道路，推动清洁生产和绿色消费，加快建设资源节约型、环境友好型社会，形成人与自然和谐发展的现代化建设新格局，推进美丽中国建设，为全球生态安全做出新贡献。

开放是国家繁荣发展的必由之路。树立开放发展理念，就是要顺应我国经济深度融入世界经济的趋势，奉行互利共赢的开放战略，推动"一带一路"国际合作，积极参与全球经济治理和公共产品供给，提高我国在全球经济治理中的话语权，推动构建人类命运共同体。

共享是中国特色社会主义的本质要求。共享发展就要让全体人民共享国家经济、政治、文化、社会、生态文明各方面建设成果。树立共享发展理念，就是要坚持发展为了人民、发展依靠人民、发展成果由人民共享，做出更有效的制度安排，使全体人民在共建共享发展中有更多获得感，增强发展动力，增进人民团结，朝着共同富裕方向稳步前进。

五大发展理念，是我国引领中长期发展的理念。创新发展，是我国经济进入新常态后培育新动力的必然选择；协调发展，是缩小发展差距，解决地区之间、城乡之间发展不平衡的重要举措；绿色发展，是协调人与自然关系、还人民群众一个天蓝地绿水清的宜居环境的客观要求；开放发展，是统筹国内外发展，由"追赶""跟随"到"引领"并为世界发展贡献中国智慧的必由之路；共享发展，是让人民有更多获得感、让群众生活更美好的重要途径。

为了使读者深入理解和准确把握新发展理念的科学内涵，了解新发展理念在实践中的具体运用，我们响应党和国家关于"全民阅读"的系列计划与行动倡议，组织有关专家编写了这套"财经新知文丛"书系。"文丛"为开放性通俗读本，结合读者对于财经问题的关切，分别以不同的主题系列陆续推出。

　　"财经新知文丛·体验系列"首批共推出八本，具体包括：《体验"一带一路"》《体验双创生活》《体验微型金融》《体验绿色消费》《体验智慧城市》《体验微商经营》《体验特色小镇》《体验健康服务》。本丛书分别从不同的视角，展示新发展理念的生动实践，以及对我们日常生活的影响，对于开拓我们的视野，启迪我们的智慧，丰富我们的生活，将有很大的帮助。今后，我们还将根据社会发展和广大读者的需要，进一步推出新的内容。

　　为了能使读者在获取知识的同时享受阅读的快乐，本丛书遵循了以下原则。

　　1. 内容上力争积极、正面、严谨、科学，使读者在获取相关知识的同时在思想上有所启迪。

　　2. 形式上力求用较为通俗易懂的语言，深入浅出地介绍通识性知识、讲述基础性内容，使读者在获取知识的同时体验阅读的愉悦感。

　　3. 结构上避免专著与教材的呆板模式，按"问题"方式展开全书内容，适当插入一些"专家论道"和"百姓茶话"等小资料，使版式设计宽松活泼，让读者在获取知识的同时体验阅读的舒适感。

梁　峰

2018 年 2 月

前　言

　　城市，是人类走向成熟和文明的标志，是人类精神与物质文明的载体，更是政治、经济、文化和社会生活的中心。随着社会的发展、科技的进步，城市内涵不断发生变化，影响城市发展的因素也不断增多。城市化的过程就是人类生产生活方式、社会结构不断发展完善的动态过程。

　　在城市化高速发展过程中，城市的弊病也越来越多地显露出来。如何兼顾城市的高速发展和解决城市发展过程中所面临和存在的各种实际问题，探索有效的城市可持续发展发展模式和发展途径，是摆在我们面前的重大现实问题。

　　智慧城市是现代信息技术快速发展的产物。其本质在于信息化与城市化的高度融合，是城市信息化向更高级阶段发展的表现。智慧城市建设必然以信息技术为核心和代表。智慧城市基于这些核心技术所构成的网络信息构架，不断地通过信息终端和信息服务，满足不同主体的信息需求，通过以信息融合为基础的城市运行系统之间的交互协作，达成有效的服务和管理，从而增强城市环境的友好性，全面提升城市管理的效率和科学性。

　　智慧城市的理念为城市创新发展提供了新思路，开辟了认识城市、发展城市的新视角，相对数字城市、智能城市等理念，智慧城市更强调人的参与性，突出人的因素、人文因素，以"为人类营造更加美好的城市生活"为核心价值观。未来的智慧城市是"设施更高端、发展更科学、管理更高效、社会更和谐、更生活"的整个城市具有较为完善的"智"和"慧"的新型城市形态。

本书对于智慧城市建设具有重要的理论价值和现实意义。在科学意义及学术价值方面，有利于构筑智慧城市的框架体系，完善智慧城市的基础理论；在现实意义方面，有利于推广现代信息技术在城市领域中的普及应用，推进智慧城市建设进程和智慧化深度。

本书编写过程中参考了大量学者、相关技术人员以及各类网站提供的研究数据和资料，在此表示衷心感谢，在此特别感谢85岁高龄的老父亲在编写工作中给予的鼓励与支持。本书错误和疏漏在所难免，望学术界的朋友以及从业人员和读者多提宝贵意见。

邱晓文

2018 年 1 月

目　　录

问题一　你知道城市的成长故事吗

一、城市，让生活更美好

【小贴士】

城市的发展

从城廓到城市，从集市到城市，人类从原始步入了文明。早期，人类居无定所。随遇而栖，三五成群，渔猎而食。但是，在对付个体庞大的凶猛的动物时，三五个人的力量显得单薄，只有联合其他群体，才能获得胜利。随着群体的力量强大，收获也丰富起来，抓获的猎物不便携带，需找地方贮藏起来，久而久之便在那地方定居下来。但凡人类选择定居的地方，都是些水草丰美、动物繁盛的处所。定居下来的先民，为了抵御野兽的侵扰，在驻地周围扎上篱笆，这就形成了早期的村落。

随着人口的繁盛，村落规模也不断地扩大。为了猎杀一只动物，整个村落的人倾巢出动，人数就有些多余了，且不便分配，于是，村落内部便分化出若干个群体，各自为战，猎物在群体内分配。由于群体的划分是随意进行的，那些老弱病残的群体常常抓获不到动物，只好依附在力量强壮的群体周围，获得一些食物。

而收获丰盈的群体，不仅消费不完猎物，还可以把多余的猎物拿来，与其他群体换取自己没有的东西。于是，世界上最早的城市便形成了。

城市的出现，是人类走向成熟和文明的标志，也是人类群居生活的高级形式。城市的起源从根本上来说，有因"城"而"市"和因"市"而"城"两种类型。因"城"而"市"，就是城市的形成先有城后有市，市是在城的基础上发展起来的，这种类型的城市多见于战略要地和边疆城市，如天津起源于天津卫；而因"市"而"城"，则是由于市的发展而形成的城市，即是先有市场后有城市的形成，这类城市比较多见，是人类经济发展到一定阶段的产物，本质上是人类的交易中心和聚集中心。城市的形成，过程无论多么复杂，都不外乎这两种形式。

城市的诞生、演变和消亡的历史循环反映了人类文明演进过程的定律。城市的形态也在不断变化，从以农业化为主要特征的城市到以工业化为中心的城市，一直发展到以信息化为中心的城市。农耕时代，人类开始定居，伴随工商业的发展，城市崛起和城市文明开始传播。其实在农耕时代，城市雏形就显现了，但作用是军事防御和举行祭祀仪式，并不具有生产功能，只是个消费中心。那时城市的规模很小，因为周围的农村提供的余粮不多。每个城市和它控制的农村，构成一个小单位，相对封闭、自给自足。城市在不同阶段具有不同的外显特征和自身的发展特性，是不同时期生产力水平和城市文化发展到不同程度的体现。

（一）城市的 1.0 时代（从城市出现至 1850 年）

早期城市大部分出现于五六千年前，城市形态上最明显的特征就是有坚固的城墙或城壕环绕，由于这些防御设施的限制，城市规模一般都不大，主要分布在灌溉条件良好的河流两岸或交通便利的沿海地区。例如：西亚南部、古埃及尼罗河下游三角洲、印度河流域和中国黄河流域等地区。古代城市的结构较简单，普通城市一般无明显的功能分区，通常以军事据点、政治或宗教建筑占据中心位置。在这一时期，城市以农业化为主要特征，依托地球上的自然资源而生成并发展，国民经济的主体是农业和手工业，商品经济极不发达，自给自足的自然经济在社会生活中占据主导地位，此阶段的城市规模较少、数量较少、大多分布在自然条件较优越地区，以商贸、宗教、政治为中心，城市人口增长缓慢，城市发展速度慢、水平低。我们称之为城市的 1.0 时代。

城市 1.0 的特点——物质设施不够完善

1. 城市的功能主要以政治、行政与管理为主，经济中心的功能很弱。城市的政治中心和行政中心，都筑有高大宽厚的城墙。各级城市内部都设有大小不等的行政机构，而这些行政机构在城市中都占据最重要的位置。城市一般都驻有数量不等的军队，特别是都城和省会城市以及位于交通要道或军事要冲的城市。

2. 城市规模小、数量少。城市的辐射范围窄，聚集力和影响力较弱。除历代首都和区域行政中心城市外，大多数城市人口和规模较小。同时城市在区域空间分布方面极不平衡，总的来看还是与区域农业生产力的发展程度有着密切的关系。

3. 城市形态处于封闭与半封闭的状态。主要表现在城市内部空间布局的封闭和城市对外部的封闭等方面。唐代以前，城市实行坊市制，城市内部空间严密，管理严格。唐代以后，坊市制被打破，但城墙仍然保留，城市与外部依旧有着一种隔离的倾向。

4. 城市具有很强的规划性，但城市规划受政治的影响很大，以及城市的空间分布呈不平衡性等。

5. 城市发展的动力是农业，城市建立在小农业与家庭手工业相结合的自然经济之上，城市的发展以土地财产和农业为基础，农业始终在社会经济中占主导地位。农业的发展决定着城市的区位，农业劳动生产力、粮食作物的生产水平直接影响和制约着城市发展速度和发展水平，农业的长期停滞制约了城市的发展。

在农业经济时代，生产力水平低下，城市发展非常缓慢，重要的城市均为具有政治统治作用的都城、州府等。18世纪后，工业化进程促进了生产力水平的提高，加快了城市的发展。

（二）城市的2.0时代（1851～1950年）

工业革命改变了城市的发展轨迹，极大地推动了社会生产力的发展，终结了以手工业生产方式为主的时代，工业化生产取而代之，从而推动了产业化和地区分工，加快了商品经济的发展速度。城市的经济功能和作用比以往大大增强，它已成为决定城市地位、命运的另一个先导因素。城市以工业化为主要特征，依托人类改造世界上的资源，利用工业革命带来的成果使城市发展进入了一个大发展时期，我们称之为城市的2.0时代。

城市2.0的特点——资本的集中和集聚

1. 城市发展的源动力是工业化。工业化是城市发展的源动力，同时工商业集中的城市，需要相应的支撑系统，文化、教育、交通、通信、医疗等基础设施以及各种服务行业都得到相应的发展。这一过程吸引了大量农村人口向城市聚集，城市规模不断扩大，城市数量增加。同时，作为城市必要物质条件的基础设施明显改善，居民生活水平日益提高。

2. 城市经济功能强化，城市结构日趋复杂。近代资本主义的兴起，也带动了城市其他经济职能部门的建立与更新。许多新的职能部门是围绕着三个市场的发育形成的：一是资金市场，二是商品市场，三是服务市场。除了城市经济功能的演变和发展之外，城市作为上层建筑中心地的功能也在发生变化。在近代，城市仍然是权力和意识形态的中心，政治权力仍然是城市发展的先导因素之一。经济主导权的转移，使资产阶级的政治地位上升，以金钱为支柱的政客和以理性为指导的思想家、宣传家，把自己打扮成全体国民的代表，在城市中开展轰轰烈烈的反对专制、倡导民主的宣传。此外，近代城市的文化功能也逐渐向科学化、商业化和城市化方向靠近。

3. 城市布局过度集中。资本的集中和集聚，是工业时代城市发展的重要特征。由于工业化进程存在差异，城市分布的地区差异十分明显。在城市内部，物质要素高度集中于城市中心区域，导致城市产业和人口过度集聚，进而引发众多城市问题，例如：交通堵塞、环境恶化、热岛效应、公共设施和服务不足等。由于城市具有集聚效益，城市规模不断扩大，城市圈、城市群和城市带相继出现。

4. 城市发展的趋同倾向。在工业化时期，城市发展一方面由工业推动，另一方面又过于依赖工业发展，导致城市发展出现趋同现象，包括城市规模扩张化、城市产业及其结构趋同化等。另一个表现是城市形态及形象趋同化，对体现城市个性和特色的城市自然历史文化景观重视不够，或者人为地将其破坏，城市原先的文化和建筑风貌随着城市扩张而被逐渐抹去，导致城市格局出现趋同。

（三）城市的 3.0 时代（1951 年至今）

在第二次世界大战结束后，大部分发达国家进入到工业化后期，许多发展中国家也陆续进入工业化发展阶段，城市进入了现代化的发展阶段。这一时期，世界范围内的政治、经济和技术领域发生了深刻的变化。一些殖民地和半殖民地国家纷纷摆脱殖民统治，相继独立，发展中国家的政治地位不断提升，经济得到蓬勃发展。社会经济发展达到了新高度，社会产品空前丰富。许多发达国家掀起了整修和重建城市的浪潮，城市发展向深度和广度进一步延伸。科学技术发生革命性进步，新技术革命促进全球范围内经济结构、产业结构和就业结构的巨大变化。城市的发展进入了一个全新的历史时期，即城市的3.0时代。

城市3.0的特点——信息化高速发展

1. 现代城市更"智慧"。城市的3.0时代以智慧化为主要特征，城市由集聚经济职能转变为信息经济职能，由生产型转变为经营服务型，城市职能不断软化。知识、信息资源成为新的生产要素，信息网络已渗透到城市的生产、生活、交通与娱乐等各项职能之中，促使城市职能进行新的整合，并产生了根本性的变化。依托智力资源，利用知识和信息的生产、传播和使用，世界城市不仅变得更小、更扁平，而且"更智慧"。

2. 城市发展进程加速，发展中国家的城市发展速度甚至超过了发达国家。据世界人口网数据统计，1950～1980年期间，世界城市人口增加了2.5倍，其中发展中国家增加了3.6倍，城市人口年递增率为4.2%，大大超过发达国家1.9%的增长速度。大城市规模继续扩张，出现大城市群或大城市带。大城市以其空间优势和集聚效益吸引人口，城市规模不断扩大，出现了如墨西哥城、圣保罗、纽约、东京、伦敦、上海等超过千万人口的特大城市。城市范围不断扩大，大城市同周边中小城市组成城市群或城市带。这样的城市群或城市带，在发展中国家也开始出现，如我国的长三角城市群、京津冀城市群、珠江三角城市群等。

3. 现代城市功能综合性较强。随着产业集中、规模扩大，城市功能日趋复杂。由于生产专业化和社会化程度提高，城市对环境支撑系统的要求日益复杂。以服务性为主要特征的第三产业不断壮大，逐渐成为推动现代城市发展的主要动力之一，第三产业的发展使城市功能趋于多样化，城市不仅是工业生产中心，也是商业贸易、交通、通信、金融以及科技文化等中心。

4. 城市环境空间组织发生新的变化。早期城市规模小，生产区和生活区毗邻，没有明显的地域分工。随着现代城市规模的扩大，经济活动日益繁盛，城市功能分区也日趋明显，并呈现出一定的规律性，如中心商业区、住宅区、近郊工业区等。此外，由于城市中心区人口密集、用地紧张及环境质量下降等原因，同时受益于现代化的交通进步，促使居民和企业不断向城市周边地区扩散，引发了城市发展的"郊区化"和"逆向城市化"等倾向，进而促使单一城市发展为组合型城市。

最近几十年，随着知识经济和网络信息社会的兴起，特别是进入 20 世纪 90 年代后，在发达国家中，以信息技术为代表的高新技术逐步取代了传统的工业动力，成为城市发展的重要动力，城市也随之由产品制造中心向服务中心、信息中心、商业商务中心转变。现代化交通运输网络的发展，以及信息网络对交通运输网络的补充，大大拓宽了城市的活动空间。电梯的广泛使用，使城市的空间不仅从宽度更向高度进行拓深。在最近的 20 年里，世界各国再一次掀起了大城市发展的浪潮，集中表现在大城市人口又一次快速增长，其发展的基础是以知识经济加速来促使产业结构的迅速升级、城市功能和聚集能力的增强等。

随着国际贸易自由化和新的国际劳动地域分工的逐步形成，知识经济正式转化成生产力。同时，全球高速信息网络正在形成，位于跨国信息网络中的城市，正成为全球区域和国家等不同层次的结点，并逐步发展成为世界城市或国际性城市。

二、城市病与城市困境

城市化一方面为城市发展做出重要贡献，推动了社会文明和经济发展；另一方面也给城市规划、建设、运营和管理带来了诸多问题，引发诸多"城市病"。在城市化过程中，因社会经济的发展和城市化进程的加快，由于城市系统存在缺陷而影响城市系统整体性运动所导致的对社会经济的负面效应，出现如人口超载、交通拥挤、住房紧张、供水不足、能源紧缺、环境污染、秩序混乱等问题。

（一）交通拥堵

交通问题一直是大城市的首要问题。迅速推进的城市化以及大城市人口的急剧膨胀使得城市交通需求与交通供给的矛盾日益突出，主要表现为道路拥堵、交通事故居高不下、占用土地、消耗能源、污染环境、破坏城市景观等一系列问题。交通拥堵不仅会导致经济社会诸项功能的衰退，而且还将引发城市生存环境的持续恶化，成为阻碍城市发展的"顽疾"。

道路拥堵：在大城市所面临的各种交通问题中，城市交通拥挤和堵塞是最为突出也最为严重的问题。交通拥堵对社会生活最直接的影响是增加了居民的出行时间和成本，出行成本的增加不仅影响了工作效率，而且也会抑制人们的日常活动，使城市活力大打折扣，居民的生活质量随之下降，同时引发系列连锁反应。

交通事故：交通拥堵导致了事故的增多，而事故增多又加剧了拥堵。事故一旦发生，后面的车辆往往会束手无策，陷入进退两难的窘况。

交通污染：交通拥堵破坏了城市的环境，在机动车迅速增长的过程中，交通对环境的污染也在不断增加，并且逐步成为城市环境质量恶化的主要污染源。根据伦敦 20 世纪 90 年代的检测报告，大气中 74% 的氮氧化物来自汽车尾气排放。交通拥挤导致车辆只能在低速状态行驶，频繁停车和启动不仅增加了汽车的能源消耗，也加大了尾气排放量和噪声。据中国国家环保总局的数据显示，中国大城市空气污染中，约 79% 来自机动车尾气排放。

（二）人口超载

城市作为人口集聚地，城市人口应该与城市的资源环境承载能力相适应。但随着城市的发展，大城市人口过度集中的问题日益突出，不少城市不堪重负。尤其特大型城市对人口强大的集聚作用，出现了城市建设和管理跟不上人口增长需求的问题，从而导致各类城市基础设施的供给滞后于人口增长，使得城市自然环境的承载能力超负荷运行，人与自然的矛盾日益严重，也引发了种种负面后果。

尤其在我国，城市化使农村劳动力大量进入城市劳动力市场，而绝大多数农村劳动力都是非技术性的，他们的进入意味着城市劳动力市场中非技术劳动力供给增加，使非技术劳动力更加供过于求，这部分人在劳动力市场上缺乏竞争力，处于劣势地位。还有另一个明显的问题是社会老龄化速度的加快，国际上规定当一个国家 60 岁及以上老年人口的比重达到 10%，或 65 岁及以上老年人口占总人口中的比重达到 7% 时，便进入老年社会，称为老年型国家，这样的社会称为老龄化社会。人口老龄化已成为我国城市人口的一个基本问题，其对社会经济各个方面都会产生深远的影响。我国老龄化过程具有转变迅速、"未富先老"等特点，人口老龄化将在劳动生产率、储蓄率和人力资本三个方面影响经济的增长，这可能导致未来我国面临比其他国家更大的经济压力。

（三）资源短缺

1. 水资源严重短缺。水资源是人类生产和生活必不可少的自然资源，也是生物赖以生存的环境资源。随着水资源危机的加剧和水环境质量的不断恶化，水资源短缺已演变成世界各国备受关注的资源环境问题之一。

目前，世界上许多国家正面临水资源危机：12亿人用水短缺，30亿人缺乏用水卫生设施，每年有300万至400万人死于和水有关的疾病。在缺水型国家或地区中，城市的水资源紧缺问题最为严重。中国水资源人均占有量不足世界平均水平的1/4，同时时空分布不均。如西北以冰雪融水补给为主的河流6~8月的径流量超过全年的80%，耕地面积占全国60%的北方地区水资源量仅占15%等。同时，各地普遍存在水资源浪费严重、用水效率较低的现象，水资源短缺已经成为城市经济社会可持续发展的严重制约条件。

2. 人地矛盾尖锐。城市的发展不可避免地要占用部分耕地。虽然我国幅员辽阔，但耕地严重不足，人均国土面积仅及世界水平的35%，由于土地资源是有限的，在大量的人口和产业向中心区集聚的过程中，很多城市都或多或少地出现了土地资源紧张的问题。目前，土地城市化速度远远快于人口城市化的速度，一些城镇用地粗放低效。一些城市"摊大饼"式扩张，脱离实际的建设宽马路、大广场，新城新区、开发区和工业园区占地过多等。由于土地管理体制的缺陷，建设用地开发混乱，城市土地利用效率低下，城市人口增加与城市建设用地供给不足的矛盾突出，浪费了大量的土地资源。

3. 能源缺口大。据世界自然基金会（WWF）称，除非人类生活方式即刻发生改变，否则在50年内，全世界人口消耗的自然资源将是地球生产能力的两倍。

能源是人类生存与经济发展的物质基础，水是人类世界生存的基础，油气资源是世界工业的"血液"。然而随着世界经济持续高速地发展，能源短缺、环境污染、生态恶化等问题逐渐加剧，能源供需矛盾日益突出。

中国人均能源资源拥有量较少。伴随着中国经济的持续增长，中国的能源消费也日益增长，尤其是近年来中国工业结构重工化趋势增强，生产性能源需求进一步增加。而随着快速城市化和居民收入水平的提高，城市居民消费结构进一步升级，汽车、空调等高能耗消费品需求增加，城市生活性能源需求也随之快速增长。城市生产性能源需求和生活性能源需求的双重增长导致了能源缺口进一步加大。能源供给缺口和低利用效率已成为影响城市可持续发展的重要因素之一。

4. 环境不断恶化。"冰川融化""海平面上升""臭氧层空洞"等词汇在近几年被频频提起。生态环境已经是人类持续发展不得不面对的问题了。以全球变暖为主要特征，全球的气候与环境发生了重大的变化：水资源短缺、生态系统退化、土壤侵蚀加剧、生物多样化锐减、臭氧层耗损、大气化学成分改变等。根据政府间气候变化委员会的预测，未来全球将以更快的速度持续变暖，未来 100 年还将升温 $1.4\,\mathbb{C} \sim 5.8\,\mathbb{C}$，这将对全球环境带来更严重的影响，比如农作物减产、病虫害发生频率和危害速度明显增加等。包括工业生产所产生大量的废弃物，对水、空气造成污染和交通造成的空气污染、噪音、震动以及精神压力导致的疾病等，严重危害人类健康。

传统工业化的发展造成了人类居住环境的恶化，威胁到人类的生存与发展，造成了诸多城市病。自 20 世纪 90 年代以来，可持续发展成为国际社会经济发展的价值导向，并体现在世界城市化过程中。以人类与自然协调为宗旨的绿色、低碳、可持续发展与环境保护的多种要求，使城市成为社会——经济——自然复合生态系统。

三、走向智慧城市

【专家论道】

专家论道"马切提恒值"

城市交通拥堵起源于工业化，但主要还是第二次世界大战后的现象。要解释这一现象，我们应该回到意大利的城市学家马切提所提出的"马切提恒值"的概念：人作为领土动物，日常活动有一天然的疆界，这个疆界就是每日大致一小时的"旅行预算"。有研究显示，即使是被终身囚禁的犯人，如果有充足的放风机会和空间，每天也就在空地里走一个小时左右。这一原则，规定了人类的日常活动范围，也规定了城市的范围。假设原始人步行速度是每小时5公里，白天出去，晚上回到自己的洞穴，那么他的活动半径就是2.5公里，大致相当于20平方公里的"领土"，这也大致是一个村子的最大空间范围（包括周围日常耕种的农地）。城市也是如此，只不过人口更集中些。在步行时代，几乎没有城市的半径会超过2.5公里。根据这一理论，北京二环以内的旧城区，基本可以作为步行城市而运转。

随着社会经济的不断发展，城市也在迅速扩张，在可持续发展这一理念主导的时代背景下，城市的发展和扩张面临着诸多挑战：低效的城市管理方式、难以发挥实效的城市应急系统、拥堵的交通系统、过度的资源消耗、日益严重的空气污染问题、碳排放不断增加导致的全球气温变化等。面对这些实际的挑战，城市必须应用新的措施和技术，探索新的发展路径和模式。

（一）城市需要智慧

从根本上说，城市的出现和发展直接反映了人类的发展进程。我们的祖先没有生活在城市里，他们居无定所，渔猎而食，随着猎物的丰富才开始了定居生活。伴随交换行为和工商业的发展，进入现代社会，随着人口数量的不断增长，我们的城市规模变得越来越大，也越来越拥挤。社会复杂程度与日俱增，城市产业创新越来越快，城市管理越来越科学精细，城市环境将越来越绿色环保。那些能够迅速把握先进技术、具备超前信息化建设理念的城市，其利用信息技术这一先进生产力的能力则更强，城市竞争力提升速度也更快。随着互联网、物联网技术的发展，城市的生产、生活模式正在发生着革命性变化，城市的智慧化已成为继工业化、电气化、信息化之后的又一发展潮流。城市需要智慧，只有用智慧的方式来解决问题，才能让生活在城市中的人类体验到更美好的明天。

1. 建设智慧城市是实现城市可持续发展的需要。由于智慧城市综合采用了包括射频传感技术、物联网技术、云计算技术、下一代通信技术在内的新一代信息技术，因此能够有效地化解"城市病"问题。这些技术的应用能够使城市变得更易于被感知，城市资源更易于被充分整合。在此基础上，实现对城市的精细化和智能化管理，从而减少资源消耗，降低环境污染，解决交通拥堵，消除安全隐患，最终实现城市的可持续发展。

2. 建设智慧城市是信息技术发展的需要。当前，全球信息技术呈加速发展趋势，信息技术在国民经济中的地位日益突出，信息资源也日益成为重要的生产要素。智慧城市正是在充分整合、挖掘、利用信息技术与信息资源的基础上，汇聚人类的智慧，赋予物以智能，从而实现对城市各领域的精确化管理，实现对城市资源的集约化利用。由于信息资源在当今社会发展中的重要作用，发达国家纷纷出台智慧城市建设规划，以促进信息技术的快速发展，从而达到抢占新一轮信息技术产业制高点的目的。为避免在新一轮信息技术产业竞争中陷于被动，我国政府审时度势，及时提出了发展智慧城市的战略布局，以期更好地把握新一轮信息技术变革所带来的巨大机遇，进而促进我国经济社会又好又快地发展。

3. 提高我国综合竞争力的战略选择。战略性新兴产业的发展往往伴随着重大技术的突破，对经济社会全局和长远发展具有重大的引领带动作用，是引导未来经济社会发展的重要力量。当前，世界各国对战略性新兴产业的发展普遍予以高度重视，我国在"十二五"规划中也明确将战略性新兴产业作为发展重点。一方面，智慧城市的建设将极大地带动包括物联网、云计算、三网融合、下一代互联网以及新一代信息技术在内的战略性新兴产业的发展。另一方面，智慧城市的建设对医疗、交通、物流、金融、通信、教育、能源、环保等领域的发展也具有明显的带动作用，对我国扩大内需、调整结构、转变经济发展方式的促进作用同样显而易见。因此，建设智慧城市对我国综合竞争力的全面提高具有重要的战略意义。

（二）智慧城市的内涵

简单来说，智慧城市就是以新一代信息技术和网络宽带为支撑，以实现城市管理信息化、基础设施智能化、公共服务便捷化、产业发展现代化、社会治理精细化。通俗来讲，这给城市装上了神经系统，使城市能够以人的智慧作为支撑高效地运行。

智慧城市包含系统、应用和技术三个层面。从系统层面看，作为一个类生命体的大系统，通过感知、认知、学习、成长等环节的培育和发展，智慧城市具有发展问题、解决问题的能力，并能不断增强自身的智慧化水平；从应用层面看，智慧城市能够提高城市生活、资源管理、环境保护、经济活动等领域的信息化与智能化水平，实现城市资源的有效开发和利用及经济社会的可持续发展；从技术层面看，智慧城市是在信息技术支撑下发展起来的更智能、更便利的新型城市，主要依托物联网、互联网、云计算、大数据等技术手段，以实现人与物、物与物、人与人的互联互动。

因此，智慧城市可以从以下几个方面来理解。

第一，智慧城市是以互联网、物联网等信息技术作为支撑的，尤其是物联网将成为植入智慧城市机体的智慧基因，为建设智慧化的城市打下坚实基础。

第二，智慧城市的人与物、物与物、人与人之间互联互通、相互感知、相互交流，具有更强的信息共享能力。

第三，智慧城市可实现资源高度整合、公共管理高效、公共服务便捷、智慧产业发达、环境绿色低碳，从而达到城市快速、健康、可持续发展的目的。

第四，智慧城市是各个智慧功能模块高度协调运作，智慧技术高度密集、智慧产业高端发展、智慧服务高效便民的城市发展新模式。

第五，智慧城市是不断成长、自我融合、创新且可持续发展的，具有更强的集中智慧发现问题、解决问题的能力。

（三）智慧城市的发展与演变

智慧的城市不是一蹴而就，而是在历史积累基础上的进步。现代城市已具备一定的经济基础、技术基础和信息基础设施，许多城市在早年已开始发展无线城市、数字城市，或已为智慧城市的建设奠定了扎实的基础。

阿尔温·托夫勒曾预言"电脑网络的建立与普及将彻底改变人类生存及生活模式"。传统城市的功能、空间结构和社会结构等正在发生这种深刻的转型。从城市信息化发展历程来看见表1-1，从数字城市到智慧城市是一脉相承的。正如从数据到信息再到知识，城市信息化也经历了数字城市、信息城市、智慧城市三个发展阶段。

表1-1　　　　　　　　我国城市信息化发展历程

序号	出现时间	发展阶段	关键技术	特征	国内重点发展时期
1	1998 年	数字城市	3S 技术	数字化	"十五"期间
2	2006 年	信息城市	ICT 技术	信息化	"十一五"期间
3	2009 年	智慧城市	新一代信息技术	智能化	"十二五"期间

1. 数字城市。数字城市是指以地理空间坐标为框架，以空间信息技术为主要手段，对信息资源进行整合的支撑平台或环境。

数字城市这一概念引申于数字地球。1998 年 1 月 31 日，时任美国副总统戈尔在美国加利福尼亚科学中心发表了题为"数字地球：在 21 世纪认识我们的行星（The Digital Earth：Understanding Our Planet in The21st Century）"的讲演，提出了"数字地球"这个概念。"数字地球"是指可以嵌入海量地理数据的、多分辨率的、真实地球的三维表示。谷歌地球（Google Earth）就是"数字地球"的原型系统。

"数字地球"概念传到中国，引起了我国专家学者极大的关注。1998 年 11 月，中国科学院地学部在北京香山饭店召开了有 12 位院士和其他 30 多位专家参加的座谈会，专家们就"数字地球"进行了研讨。随后北京大学、中国科学院等单位的一批专家学者提出了"数字城市"的概念。许多 GIS（地理科学系统）企业推出了"数字城市"产品和解决方案，一大批城市陆续提出建设"数字城市"并着手开展"数字城市"规划和建设。"数字城市"成为"十五"期间我国信息化的热点。

数字城市的关键技术是空间信息技术，如遥感、地理信息系统、卫星定位系统等。这些空间信息技术广泛应用于城市规划、建设和管理领域。例如，采用地理信息系统（GIS）技术可以建立城市三维模型，使城市管理部门直观地对现实世界的城市进行管理。

2. 信息城市。1991 年，美国加州大学伯克利分校教授曼纽尔·卡斯泰尔（Manuel Cast ells）出版了《信息化城市》（The Information City）一书。该书对信息时代的城市形态、城市空间等进行了描述。他认为，信息时代正在展现一种新的城市形态。2006 年，我国学者金江军等在《城市信息化方法与实践》一书中提出了"信息城市"的概念，并指出数字城市与信息城市的区别：前者只是强调用计算机模拟城市空间，及城市地理可视化，多用于城市规划、城市地籍管理、城市管线、城市道路交通、城市水利电力等各种与空间分布密切相关的领域。信息城市是一个比数字城市更加广泛的概念，除了各种城市地理可视化应用以外，还包括工商、税务、教育、社会保障等其他信息化领域，这些领域地理可视化应用并不突出。从其技术基础来说，数字城市的基础是以地理信息系统为核心的空间信息技术，而信息城市的技术基础则包括除了空间信息技术以外的主流信息技术（ICT）。

可见，数字城市强调城市空间的地理可视化，将城市经济和社会数据叠加在地理信息系统上，而信息城市的内涵比数字城市广，包括城市各个领域的信息化，将空间信息技术融入主流 ICT。当然，数字城市和信息城市是密切联系的。城市地理信息系统是许多城市信息化领域的基础平台，各种城市地理信息系统是城市信息化的重要组成部分。信息城市是数字城市的升华和发展，也是空间信息技术融入主流信息技术的必由之路。

城市信息化不只是城市空间的信息化，还包括城市政治、经济、社会各个领域的信息化，即城市电子政务、产业信息化、社会信息化等。空间信息技术主要应用城市规划、城市管理、城市交通等与地理空间关系密切的领域。对于许多与地理空间关系不密切的领域，如信息化与工业化融合，数字城市概念无法涵盖，用"信息城市"更妥当些。

3. 智慧城市。随着物联网、云计算等新一代信息技术的快速发展，2009 年 1 月，IBM 公司的首席执行官彭明盛（Sam）在一次美国工商业领袖圆桌会议上提出了"智慧地球"（Smart Planet）这一概念。与当年"数字地球"传到国内出现"数字城市"概念类似，"智慧地球"传到国内就出现了"智慧城市"（Smart City）的概念，智慧城市是城市信息化的发展方向。早在 IBM 公司提出"智慧地球"概念前，新加坡早就提出了"智能岛"的概念，韩国 U-city 的发展目标也是智慧城市。此外，还有"智能建筑""智能交通"等类似概念。

智慧城市是指通过广泛采用物联网、云计算、移动互联网、大数据等新一代信息技术，提高城市规划、建设、管理、服务、生产、生活的自动化、智能化水平，使城市运转更高效、更敏捷、更低碳。智慧城市是继数字城市、信息城市之后，城市信息化的高级阶段，是中国城市转型发展的重要方向，是当前和今后一个时期中国经济、社会发展的重要内容，智慧城市建设将是新时期中国城市发展的重要主题。

数字城市、智能城市、智慧城市三者的概念既有区别又有联系。城市的数字化、智能化、智慧化是递进关系，数字化是智能化和智慧化的基础条件，智能化是智慧化的微观组成部分。虽然智能城市和数字城市有时都被看作智慧城市，但实际上三者的侧重点各有不同。

4. 数字城市与智慧城市的差别。数字城市是指充分利用遥感技术（RS）、地理信息系统（GIS）、全球定位系统（GPS）、计算机技术和多媒体及虚拟仿真等现代科学技术，对城市基础设施和与生产生活发展相关的各个方面进行多主体、多层面、全方位的信息化处理和利用，形成具有对城市地理、资源、生态、环境、人口、经济、社会等诸多方面进行数字化、网络化管理、服务和决策功能的信息体系。

数字城市是管理与信息服务充分实现计算机化的城市，是智慧城市的基础和重要组成部分。数字城市的概念是在 20 世纪末出现的，其推动力来自空间地理技术的成熟。今天数字城市是指能够提供完善信息服务的城市，具有完善的信息基础设施、完善的网络服务和丰富的信息内容服务。数字城市强调直接面向人的信息服务，用户主要通过计算机、手机等设备获得系统提供的信息。

5. 智能城市与智慧城市的差别。智能指人的智慧和行动能力，有两种含义：一是指智慧和才能，二是指智力。智慧是指人的辨析判断、发明创造的能力，有两种含义：一是指聪明才智，二是指梵语"般若"的意译，指超越世俗虚幻的认识，获得把握真理的能力。可见，两个词语都有聪明才智的意思，两者的差别在于智能更偏重于能力，智慧更偏重于明判与创新，需要拥有更多的知识和更强的学习能力。

智能技术使智能软件系统采用人处理事务的逻辑来代替人自动处理事务，如智能电网、智能交通、智能环保等智能技术使用的自动化系统。随着城市智能化水平的提高，居民的生活会更加方便，工作会更有效率。

　　智慧城市可以在对城市各类资源信息进行收集、跟踪集成、共享与分析的过程中，有效规划、管理和分析城市资源、公共服务和各项活动及其带来的经济、社会和环境影响，从而增强城市竞争力，提升居民生活品质，推动经济转型，实现城市可持续发展。

　　数字城市和智能城市都是城市信息化进程中的重要阶段，数字城市强调实现城市运行和管理的可视化、数字化和网络化，强调的是城市信息化的基础设施建设与信息技术的初步应用，侧重于数据采集。智能城市在数字城市基础上通过智能识别和分析，找出能够促进城市发展，辅助科学决策的数据，更看重智能决策与支持、知识生产、生态环境的可持续发展等问题。但数字城市与智能城市都是以信息技术为基础的，都强调城市建设、发展与运营的智能化发展水平，而智慧城市是在数字城市、智能城市的基础上，利用新一代信息技术，进一步加强感知化、互联化、智能化水平，同时更加强调人的参与性，突出人的因素、人文的因素，这也是智慧城市的最主要特征，因为只有人才有智慧，而物只有智能。所以，智慧城市是"智""慧"协同发展，这也是它与数字城市、智能城市的最主要区别。三者在社会背景、实际内涵、发展目标、技术支撑、实际结果等方面也有所区别（见表1-2）。

表1-2　　　　　数字城市、智能城市、智慧城市的对比

城市类型	主要技术	建设重点	特点
数字城市	遥感技术（RS）、地理信息系统（GIS）、全球定位系统（GPS）、计算机技术和多媒体及虚拟仿真等现代科学技术	城市基础设施和与生产生活发展相关的各方面	城市运行和管理的可视化、数字化和网络化，强调城市信息化的基础设施建设与信息技术的初步应用，侧重于数据采集

续表

城市类型	主要技术	建设重点	特点
智能城市	高度发达的信息网络和智能技术	以知识、信息、人才为核心资源，在数字城市基础上提高智能识别和分析能力	通过智能识别和析，找出能够促进城市发展，辅助科学决策的数据，更看重智能决策与支持、知识生产、生态环境的可持续发展问题
智慧城市	传感网、大数据、云计算、通信网络等技术	城市经济、社会、环境可持续发展、提升居民生活品质	智慧城市是充分利用现代信息通信技术，汇聚认得智慧，赋予物以智能，使汇集智慧的人和具备智能的物互存互动、互补互促，以实现经济社会活动最优化的城市发展新模式和新形态

　　值得一提的是，目前国外更多的是建设智能城市，我国更多的是建设智慧城市。国外在整体的智慧城市规划方面有所欠缺，其智能城市建设更侧重于按行业设计的智能项目建设，关注单项工程的效益。中国的智慧城市是在智能城市建设内容的基础上，建设更有效益的信息化城市，并制定城市的信息化规划，考虑城市的整体效益，当前，机器的智能还追赶不上人的智慧，因此，我们可以在宏观规划上运用人的智慧，在微观处理上使用机器的智能，以充分发挥各自的长处。从这个角度上讲，我国的智慧城市定位更高，其建设难度比单个领域智能系统的建设难度要大得多。

问题二　你的城市够智慧吗
——体验智慧城市

一、智慧城市的"智"与"慧"

你生活的城市够"智慧"吗？

　　每个人的心中都有一座城，不同的人对于智慧城市也有着不同的幻想中的场景：比如，大城市的上班族希望上下班的路上不再拥堵、中午吃饭不用在餐厅等位、过年过节回家买票不再那么难；老年人希望生病了不要去医院排长长的队伍挂专家号，幻想着在家也能有医学专家给诊疗；教师们希望告别黑板的粉尘，不想一板一眼地教课，还能够和班级的学生实时互动，了解每个学生的课堂表现；从交通出行到支付方式，从环境执法到城市管理……未来的改变与我们日常的工作生活息息相关，如何让生活变得更便利、更有科技感，让我们一起期待更智慧的新生活吧！

　　伴随城市演进、时间沉淀、物质积累、技术进步、城市内生发展产生的张力成为城市智慧产生的动力，智慧的结果就是让我们能持续不断地享受到创新的产品与服务。智慧城市正处于春天，国家的重视与各级政府接踵而至的推动，怒放的智慧城市生命体将呈现在我们面前，整个城市的演进，以此开启了人类的智慧之旅……

（一）城市发出智慧请柬

智慧城市是对过去城市的创新和发展，是城市变迁具有的新品质。智慧城市概念的提出最早可以追溯到 1992 年新加坡制定的 IT2000 智慧岛计划（1992～1999 年），虽然当时的主要内容是建设覆盖全国的高速宽带多媒体网络，但这是全球首次提出智慧城市的概念，也算是全球智慧城市的萌芽。

2006 年，新加坡又启动了具有重要战略意义的"智慧国家 2015"计划，期望通过该计划来提升新加坡在未来 10 年中的竞争实力和创新能力，利用无处不在的信息通信技术将新加坡打造成一个智慧的国家。

2007 年 10 月，维也纳理工大学相关研究组发布了《欧洲中等城市智慧城市排名》报告，对欧洲 70 座城市的智慧化水平进行了评估，这是欧洲第一次提出了智慧城市愿景，系统、直观地诠释了智慧城市的内涵和目标。从这个意义上来说，欧洲智慧城市的发展是最早的、也是最具示范作用的。

2008 年 11 月，在纽约召开的外国关系理事会上，美国 IBM 公司首席执行官彭明盛以题为《智慧地球：下一代领导人议程》的演讲，正式提出"智慧地球"（Smart Earth）这一概念。2009 年底，IBM 公司在"智慧地球"的基础上进一步提出了"智慧城市"的概念及其解决方案。此后，"智慧城市"的概念逐步被全球主要发达国家和地区所认同、研究、探索和实践。

2009 年 9 月，美国中西部爱荷华州的迪比克市与 IBM 共同宣布，将建设美国第一个"智慧城市"——一个由高科技充分武装的 60000 人社区。

2009 年，欧盟委员会提出了建设智慧城市的具体计划，主要包括智能建筑、智能能源网络、智能城市交通和智能医疗系统等方面，在其中更加重视城市的生态环境和智能经济。

2009 年，日本与韩国等国家的一些城市也开始提出了智慧城市建设计划，如韩国的仁川、水原市、日本的青森、冈山市等。

目前，全球有超过 200 个城市正在推进建设智慧城市，各个国家、组织、企业对智慧城市的着眼点也各不相同。联合国人居署（UN – HABITAT）提出可持续城市发展计划支持智慧城市建设。世界银行推出"ECO2 城市：生态经济城市"的倡议，帮助发展中国家城市实现生态和经济可持续发展；亚太经合组织（APEC）提出创建低碳社会、推进低碳政策、发展低碳产业的低碳城镇战略；欧盟公布了《欧盟新智慧城市与社区行动》报告，指出现在是建设智慧城市、智慧社区的最好时机。

我国在"十二五"规划纲要草案中，上海提出了将建设"智慧城市"（Smart City），北京城市信息化建设也已达到世界发达国家主要城市的中上等水平，广东、福建、深圳、南京等省市纷纷提出建设智慧城市发展战略，大力推进"智慧城市"的建设。可见，无论是国内还是国外，城市向人类发出了需要智慧的"请柬"。

（二）解读智慧城市

城市运转在人类文明发展进程中占据主导地位，城市因为其内部存在运转被视为有机的生命体。所谓"智慧"，并不只是一个感性的说法，而是实实在在的现象。信息技术的快速发展助推了城市的发展趋势，带来城市生命的进化与进步，这种变化的不断演变是城市的发展表现为更为智慧的高阶生命形态。智慧城市是一个全新的理念，其核心特征是将信息资源作为重要的生产要素，来推动经济转型升级，再创发展新优势。

"智慧"，是赋予精神的一种境界，智慧城市则是高于数字化城市、智能化城市，是让市民依托信息化基础建设的完善，充分享受城市信息化带来的智慧化城市生活。智慧城市是一个高度抽象和浓缩的概念，是城市在多系统复杂交互作用下所呈现出的终极面貌。智慧城市就是以新一代信息技术和网络宽带为支撑，以实现城市管理信息化、基础设施智能化、公共服务便捷化、产业发展现代化、社会治理精细化。智慧城市就是给城市装上了神经系统，使城市能够以人的智慧作为支撑从而高效地运行。

智慧城市，从狭义角度来看就是使用各种先进的技术手段尤其是信息技术手段改善城市状况，使城市生活便捷；从广义上理解应是尽可能优化整合各种资源，使城市规划、建筑更加赏心悦目，让生活在其中的市民可以陶冶性情、心情愉快，而不是压力重重，是适合人的全面发展的城市。可以说，智慧城市就是以智慧的理念规划城市，以智慧的方式建设城市，以智慧的手段管理城市，用智慧的方式发展城市，从而提高城市空间的可达性，使城市更加具有活力和长足的发展性。智慧城市概念的总结如表 2－1 所示。

表 2－1 智慧城市概念的总结

要素	依靠的力量	针对的客体	预期目标
技术要素	信息通信技术：物联网、互联网、云计算、数字技术等绿色技术；清洁、环保技术等	城市规划、新兴业态、利益相关者、决策和管理方法、社会服务管理模式	城市功能协调运作、经济可持续发展、生活美好、信息发达、生态高效
社会要素	教育、智慧的劳动力、社会资本		

智慧城市是让城市更聪明。通过互联网把无处不在的、被植入城市单个物体的智能化传感器连接起来，形成物联网，实现对

物理城市的全面感知，基于云计算等技术对感知信息进行智能处理和分析，实现"数字城市"与物联网的融合，并发出指令，对包括政务、民生、环境、公共安全、城市服务、工商活动等在内的各种需求，做出智能化响应和智能化决策支持。

（三）智慧城市的智与慧

智者，聪明也，智商高，反应快，敏捷；慧者，灵也，悟性好，有灵性，情商高。再从文字上分拆解读，智可以理解为天天都知晓，或者日日增强感知能力；慧如星光般显亮，心灵闪烁的光芒。智的特征是学习型，慧的特性是创造性。所以，我们认为：智慧城市的"智"指智能化、自动化，是一个城市的智商；"慧"指灵性、人文化、创造力，是一个城市的情商。所以，智能城市更多体现地是城市的"智"，它是智慧城市的前期发展阶段，而智慧城市包含"智"和"慧"两部分，其在智能化的基础上进一步强调人的参与性和创造性，充分发挥人的智慧与物的智能，推进"智"和"慧"两部分，其在智能化的基础上进一步强调人的参与性和创造性，充分发挥人的智慧与物的智能，推进"智"和"慧"两部分，其在智能上进一步强调人的参与性与创造性，充分发挥人的智慧与物的智能，推进"智"和"慧"的充分融合。

智慧城市是数字城市、智能城市等理念的发展与创新，但不能把智慧城市简单化、技术化，不能把其等同于智能城市。智慧城市更加突出人的因素、人文的因素，这也是智慧城市的最主要特征之一。只有人才有智慧，而物只有智能。所以，智慧城市是从强调物的智能化，到突出物的智能化和制度安排的优化相结合；从强调小众参与，到突出小众参与和大众参与相结合；从强调物物互动，到突出物物互动、人物互动、人人互动相结合。

智慧城市的"智"从技术层面依靠三大关键技术：

1. 物联网技术，将建立城市的神经网络。传感器、图像识别、语音识别、卫星定位、电子标签等感知技术已经有很多年的发展历史，但智能化物体的联网技术却是一个新的课题。遍布城市各个角落的信息被感知并通过网络传递给城市数据中心。

2. 云计算技术，将建立城市的中枢系统。计算资源和能力被隐藏在云层后面，用户不需要知道它在哪里，只需要提出自己对信息服务的需求。云后面，是虚拟化的城市数据中心，大量异构的服务器、存储和平台被虚拟化成统一的服务资源，信息资源被最大程度地统筹和共享。

3. 大数据技术，将建立城市的海量数据库。海量的各类数据，如大量博客信息、物联网数据、空间数据、3D 数据等，被采集、存储、分类、挖掘和分析，对复杂事件做出智慧地决策。

智慧城市的"慧"从管理层面呈现出三大特征：

第一，智慧城市实现的是城市系统的优化升级，是按照科学的城市发展理念，利用新一代信息技术，在泛在信息全面感知和互联的基础上，实现人、物、城市功能系统之间无缝连接与协同联动的智能自感知、自适应、自优化，从而对民生、环保、公共安全、城市功能、商务活动等多种城市需求做出智能的响应，形成具备可持续内生动力的安全、便捷、高效、绿色的城市形态，使城市各系统更完善、更智能、更协调、更发达，使城市中的人和物更智慧、更和谐、使城市中的人生活更幸福。智慧城市带来的改变不仅局限于理念范畴，它将对城市的生产方式、生活方式、交换方式、公共服务、政府决策、市政管理、社会民生七个方面产生巨大而深远的变革。

第二，智慧城市是以具有科学城市治理理念的智慧型服务政府为主导，构建在信息泛在基础之上的新型城市发展模式，是新一轮信息技术变革和知识经济进一步发展的产物，是工业化、城市化与信息化地深度融合，并向更高阶段迈进的表现。智慧城市是以互联网、物联网、电信网、广电网、无线宽带网等网络组合为基础，以智慧技术高度集成、智慧产业高端发展、智慧服务高效便民为主要特征的城市发展新模式。智慧城市建设将极大提高城市的环境承载力，有效驱动经济发展模式的调整，全方位提升以人的发展为本的美好城市生活的感知。

第三，智慧城市是一种看待城市的新角度，是一种发展城市的新思维。它要求城市的管理者和运营者把城市本身看成一个生命体，要求人们认识到，城市本身不是若干功能的简单叠加，城市是一个系统，城市中的人、交通、能源、商业、通信这些过去被分别考虑、分别建设的领域，实际上是普遍联系、相互促进、彼此影响的整体。只不过由于科技手段的不足，这些领域之间的关系一直是隐形存在并不紧密关联。而在未来，借助新一代的物联网、云计算、决策分析优化等信息技术，通过感知化、互联化、智能化的方式，可以将城市中的物理基础设施、信息基础设施、社会基础设施和商业基础设施连接起来，成为新一代的智慧化基础设施，使城市中各领域、各子系统之间的关系显形化、互动化。

二、智慧城市的体系内容

（一）智慧城市的体系框架

智慧城市是数字城市的升级版，被认为是未来城市的高级形态。智慧城市以互联网、云计算、物联网、3S（RS 遥感、GPS 全球定位系统、GIS 地理信息系统）等新一代信息技术为支撑，致力于城市发展的智慧化，使城市具有智慧感知、反应、调控的能力，实现城市的可持续发展。

智慧城市的本质特征是人类智慧驱动城市发展，一般认为，智慧城市发展需要经历四个阶段：数字化、网络化、智能化、智慧化。

　　建设智慧城市，第一阶段是推进数字化，使我们生活的世界可以通过数字表述出来；第二阶段是通过互联网将数字化的城市部件传输连接起来，实现网络化，如电子商务、电子政务等；第三阶段是在网络传输的基础上实现局部智能反应与调控，即智能化阶段，如智能收费、智能交通、智能工厂等；第四阶段则是万物互联阶段，城市各部分功能在人类智慧的驱使下优化运行，实现城市智慧化，基本建成智慧城市。这四个阶段不是截然分开的，后一阶段应以前一阶段为基础。

　　根据技术发展趋势，在 2020 年前后，第五代移动通信技术（5G）的应用将趋于成熟。随着 5G 时代的来临，大容量、低时延的网络传输将变为现实，人类将进入万物互联的物联网时代，智慧城市建设也将步入一个崭新阶段。

　　智慧城市包括新一代城市信息基础设施、智慧政府、智慧经济、智慧社会、智慧城市发展环境五大部分。与智慧城市密切相关的关键技术是物联网、云计算、大数据等新一代信息技术以及新一代地理信息系统。众所周知，城市包括政治、经济、社会三个主要方面。相应地，智慧管理、智慧民生、智慧产业是智慧城市的三大领域（见图 2 - 1）。

　　1. 新一代信息基础设施。随着物联网、移动互联网等应用的快速发展，要求城市的网络基础设施的性能也要相应提高。新一代城市信息基础设施主要包括超大带宽的城市骨干网无处不在的无线接入。网络信息技术包括数据采集的传感技术、数据传输的网络宽带技术、数据处理的云计算技术、数据存储的云存储技术、数据共享的云平台技术、网络信息安全的量子通信和加密技术等。要建设新一代城市信息基础设施，有关城市应配合国家的"宽带

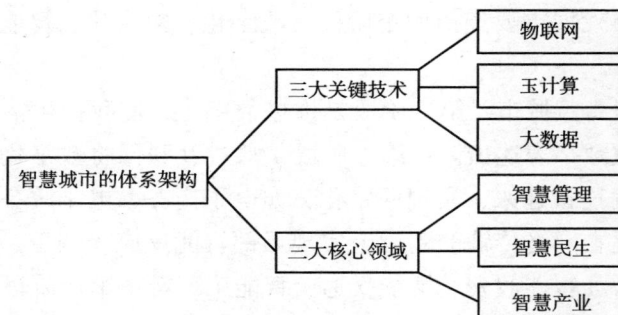

图 2 - 1 智慧城市体系架构

中国"计划，实施"宽带城市"计划，建设城市光网，建设无线城市和 U-City。

2. 智慧管理。政府是智慧城市的倡导者、管理者及应用者，倡导智慧城市的建设、把握智慧城市的发展方向。智慧管理包括智慧政务、智慧环境、智慧安全，这些主要与城市治理有关，是智慧城市的"中枢神经"，体现了智慧城市的发展程度。政府应该顺应未来技术发展趋势，充分把握城市发展规律，推进智慧城市的建设与发展，加快信息化建设、加强信息共享与业务协同，全面促进智慧政府建设，做好智慧城市的掌舵者。

现代政府事务日益复杂，传统政府的智能水平已经难以应对这种新的形势。随着物联网、云计算、移动互联网、Web2.0 等新一代信息技术飞速发展，电子政务正由电子政府到智慧政府转变。智慧政府是指利用物联网、云计算、移动互联网、人工智能、数据挖掘、知识管理等技术、提高政府办公、监管、服务、决策的智能化水平，形成高效、便捷、便民的新型政府。智慧政府是电子政务发展的高级阶段。与传统电子政务相比，智慧政府具有透彻感知、快速反应、主动服务、科学决策等特征，将逐步实现智慧城市管理，实现智慧政务管理、智慧环境管理、智慧安全管理等。

3. 智慧民生。目前，在我国快速城镇化发展的趋势下，尤其对于中大型城市，面临着日益严重的人口资源安置及管理、生产和环境协调、交通拥堵、住房压力、各类资源需求等一系列民生问题，同时这种发展背后的病态愈发严重，给城市未来埋下过多隐患。基于这种城市现状，政府对于城市的管理面临着高强度的压力，传统的管理模式已经不再适应这种现代城市的高频节奏。随着"网格化"管理模式的加强，将逐步实现以大数据、物联网、移动物联等技术支持下的系列智能化城市管理，实现智慧交通、智慧医疗、智慧教育、智慧旅游等。这将最大程度上改善现代城市的一些列民生实际问题，构建智慧民生，是保障和改善民生的重要内容。

4. 智慧产业。智慧经济的载体是智慧产业。智慧产业是指数字化、网络化、信息化、自动化、智能化程度较高的产业。智慧产业是智力密集型产业、技术密集型产业，而不是劳动密集型产业。智慧产业包括智慧金融、智慧能源、智慧物流等，主要涉及智慧城市的生产领域。

（二）智慧城市的功能模块

"智慧城市"好比一个生态系统，城市中的市民、交通、能源、教育、医疗、旅游、物流、建筑、社区、家庭、环保、政务、安全、食品安全追溯、港航、商务等子系统形成一个普遍联系、相互促进、彼此影响的整体。在过去的城市发展过程中，由于科技力量的不足，这些子系统之间的关系无法为城市发展提供整合的信息支持。如今，借助新一代的物联网、云计算、决策分析优化等信息技术，通过感知化、物联化、智能化的方式，可以将城市中的物理基础设施、信息基础设施、社会基础设施和商业基设施连接起来，成为新一代的智慧化基础设施，使城市中各领域、各子系统之间的关系显现出来，就好像给城市装上网络神经系统，使之成为可以指挥决策、实时反应、协调运作的"系统之系统"。智慧城市意味着在城市不同部门和系统之间实现信息共享和协同作业，更合理地利用资源，做出最好的城市发展和管理决策，及时预测和应对突发事件和灾害。智慧城市系统功能模块如图 2－2 所示。

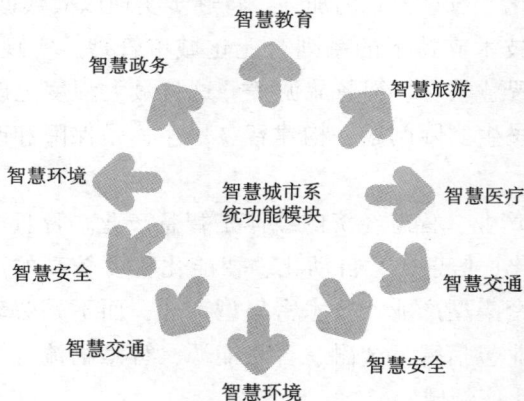

图 2－2　智慧城市系统功能模块

1. 智慧政务。智慧政务是以物联网、云计算、3S、数据的标准化和数据共享、海量数据存储和数据挖掘、大数据及智能处理等先进高度融合为支撑，以市政各行业的基础设施动态监控、应急指挥和辅助决策为主旨，以信息技术高度集成，城市基础设施智慧服务、高效便民，智慧产业高端发展为主要特征的市政智能化管理新模式。

　　智慧政务，简单地说就是应用现代信息技术，整合信息服务资源，通过应用各种平台，提高政府服务和管理的质量，让政府变得更加智能，成为"智慧"的政府。

　　传统城市和政府是按业务、管理职责分别设定的，各个部门各司其职，存在严重的部门壁垒，城市基本运行数据孤立的存在于不同的"烟囱"中。随着信息通讯技术的高速发展，政府面临电子化、信息化、网络化压力。而智慧政务概念的提出，让传统政府向廉洁、勤政、务实和高效政府转变，除了提升政府内部效率外，还开展对企业和公众的高效服务，并协同企事业单位高质量的、及时地处理日常管理和应急管理事务。

　　智慧政务由服务（Service）、管理与运营（Management & Maintenance）、应用平台（Application platform）、资源（Resource）及技术（Technology）五个要素构成，其首字母组成了英文"SMART"。其中，技术和资源是智慧政务建设的必要投入，是实现智慧政务的重要基础和推动力量；应用平台是智慧政务建设的必然产出，是智慧政务的支撑手段；管理运营与服务体现智慧政务的建设效果。其中，管理与运营是服务水平提高的重要保障，政府服务是智慧政务的根本目标。

　　2. 智慧环境。随着"智慧地球"概念的提出，在环保领域中如何充分利用各种信息通讯技术，感知、分析、整合各类环保信息，对各种需求做出智能的响应，使决策更加切合环境发展的需要，"智慧环保"概念应运而生。"智慧环保"是在原有"数字环保"的基础上，借助物联网技术，把感应器和装备嵌入到各种环境监控对象（物体）中，通过超级计算机和云计算将环保领域物联网整合起来，实现人类社会与环境业务系统的整合，以更加精细和动态的方式实现环境管理和决策的"智慧"。"智慧环保"是"数字环保"概念的延伸和拓展，是信息技术进步的必然趋势。智慧环境保护监测范围包括空气污染、水污染、固废污染、化学品污染、噪声污染、核辐射污染等多个方面。

　　智慧环保借助地理信息系统和物联网、云计算等信息技术，可以提供新鲜的一手数据，有效提高环保部门的管理效率和环境保护的效果，还可以实现环保移动办公、移动执法、移动公文审批、移动查看污染源监控视频等功能。同时，还可以准确掌握企业产生的废水、废弃、废渣数量，实现远程关停或控制。公众也可通过环境信息门户了解当前环境的各种监测指标，发现问题及时投诉或举报。

　　3. 智慧安全。智慧安全是以传感网为基础，通过城市安全信息的全面感知、各子系统间协同运作、资源共享，以建立统一的公共安全系统及应急处理机制，实现对公共安全的应急联动、统一调度、统一指挥，达到对公共安全的智慧化管理。其核心是通过信息的整合、加工处理，实现有效地预测、预警，并通过资源整合与联动，实现高效、智能化的应急处理。

　　智慧安全的"智慧化"管理主要目标体现在以下三个方面。一是通过信息技术的广泛应用及体制机制的创新，实现智慧化的预测、监测及有效的安全隐患避免。例如，通过摄像头、传感器、RFID 等传感设备在城市重要部位和关键节点的安装布局，加强对城市安全信息的采集、处理，实现实时动态化的监测、预测，并有效避免安全隐患。二是通过资源整合，实现一体化的安全管理。三是智慧化的公共安全管理不仅具有规划、标准等程序化特点，还具备一定的灵活性，具有灵活的处理能力。

　　4. 智慧交通。智慧交通是通过监控、监测、交通流量分布优化等技术，完善公安、城管、公路等监控体系和信息网络系统，建立以交通诱导、应急指挥、智能出行、出租车和公交车管理等系统为重点的、统一的智能化城市交通综合管理和服务系统建设，实现交通信息的充分共享、公路交通状况的实时监控及动态管理，全面提升监控力度和智能化管理水平，确保交通运输安全、畅通。

对车辆、道路、行人以及周边相关设施的静态和动态信息进行及时、准确、全面地采集，并通过信息处理平台对这些多源信息进行融合分析、模拟、预测。

智慧交通通过整合公共汽车系统、出租车系统、城市捷运系统（MRT）、城市轻轨系统（LRT）城市高速路监控信息系统（EMAS）、车速信息系统（Fraffic Scan）、电子收费系统（ERP）、道路信息管理系统（RIMS）、优化交通信号系统（GLIDE）、电子通信系统和车内导航系统信息，提供综合的实时信息服务，并对交通流量进行预测和智能判断。如果遇到突发事件可以优化应急方案，调动救援资源。为交通管理部门和运营公司提供科学决策支持的一种交通服务管理系统。

5. 智慧医疗。智慧医疗是运用物联网、云计算、移动互联网等新一代信息技术构建医疗应用平台，实现数据的高度融合和共享，通过网络、移动终端等设备，实现患者与医护人员、医疗机构的良性互动，提升城市的公共卫生服务能力、医疗服务能力、区域医疗管理能力，从而更好地为市民服务。它是融合物联网、云计算等技术，以患者数据为中心的医疗服务模式。它构建出以电子健康档案为中心的区域医疗信息平台，将医院之间的业务流程进行整合，优化了区域医疗资源，实现跨医疗机构的在线预约和双向转诊，缩短病患就诊流程、缩减相关手续、使得医疗资源合理化分配，真正做到"以病人为中心"的医疗。

智慧医疗由三部分组成，分别为智慧医院系统、区域卫生系统以及家庭健康系统。

（1）智慧医院系统是由数字医院和提升应用两部分组成。智慧医院包括医院信息系统、实验室信息管理系统、医学影像信息的存储系统和传输系统以及医生工作站四个部分。收集、存储、处理、提取及数据交换病人诊疗信息和行政管理信息。

提升应用包括远程探视，远程会诊，临床决策系统，智慧处方等。

（2）区域卫生系统，由区域卫生平台和公共卫生系统两部分组成。区域卫生平台包括收集、处理、传输社区、医院、医疗科研机构、卫生监管部门记录的所有信息的区域卫生信息平台，帮助医疗单位以及其他有关组织开展疾病危险度的评价，运用先进的科学技术，制定定制性的危险因素干预计划，减少医疗成本，制定预防和控制疾病的发生和发展的电子健康档案。公共卫生系统由卫生监督管理系统和疫情发布控制系统组成。

（3）家庭健康系统。家庭健康系统为市民的健康提供保障，为行动不便无法上医院就诊的患者提供视讯医疗，对慢性病以及老幼病患远程的照护，对特殊人群比如智障、残疾、传染病等患者做健康监测，提示用药时间、服用禁忌、剩余药量等的智能服药系统。

智慧医疗关怀市民健康，建立"语义化个人健康电子病历"。通过电子病历和医疗信息整合平台等技术，有效整合各种医疗信息和资源，医院可以随时查阅每位患者的历史病例，从中发现病症规律，确保患者在不同医院得到快速、准确的医护，还可以通过医疗机构间信息对接，是医疗资源得以整合，解决社区医院、专科医院和大医院之间分工协作问题，使"小病进社区、大病进医院"成为现实，有助于解决"看病难、看病贵"的问题。

6. 智慧教育。智慧教育基于云计算、传感技术、物联网和海量信息处理等新技术的教育系统，并让教育信息化进入了全新发展的阶段。利用云计算对传统的教育信息系统、校园网络系统进行整合与优化，构建教育云服务平台，形成新一代的数字校园系统、智慧校园系统，实现对教育信息系统的重构，聚合更大范围的教育资源，建立可流动、可获取、可应用的大规模非结构化教育数据，形成教育大数据，以支持教育教学的智能决策、实施、评价等全过程。其技术特点是数字化、网络化、智能化和多媒体化，基本特征是开放、共享、交互、协作。它以教育信息化促进教育现代化，用信息技术改变传统模式。

智慧教育的发展，带来了教育形式和学习方式的重大变革，促进教育改革。对传统的教育思想、观念、模式、内容和方法产生了巨大冲击。

在教育云时代，数字校园不再孤立，所有的教师、学生都能随时随地共享优质的教育资源。教育大数据将有助于推动教育评估、教育决策、创新教育实践，为教育教学过程的智能化支持提供了巨大机遇。大数据支持的课程教学模式创新借助海量开放教育资源和大平台，学生不再局限于在课堂上进行学习，云平台的各种资源为学生提供了一个无墙的课堂。各种新型的课程教学方式，将突破学校教学时空的局限，推动学校的教学模式由封闭走向开放。在课程教学组织方式上，从结构化良好的封闭式课堂教学逐步发展到半开放的混合式课程，进行完全开放的社会化课程教学，教学时空、师生关系进一步多元化。在课程评价方式上，借助于基于大数据的学习分析技术，对学生的知识建构与复杂能力评估，将为学生学习提供更加个性化、有效的支持，实现"智慧化"学习。

7. 智慧旅游。"智慧旅游"是一个全新的命题，它是一种以物联网、云计算、下一代通信网络、高性能信息处理、智能数据挖掘等技术在旅游体验、产业发展、行政管理等方面的应用，使旅游物理资源和信息资源得到高度系统化整合和深度开发激活，并服务于公众、企业、政府等的面向未来的全新的旅游形态。它以融合的通信与信息技术为基础，以游客互动体验为中心，以一体化的行业信息管理为保障，以激励产业创新、促进产业结构升级为特色。智慧旅游，就是利用移动云计算、互联网等新技术，借助便携的终端上网设备，主动感知旅游相关信息，并及时安排和调整旅游计划。简单地说，就是游客与网络实时互动，让游程安排进入触摸时代。

智慧旅游以信息化为手段，配合大数据，整合旅游资源，为游客全程带来更愉悦且经济的旅游体验，同时实现旅游企业和景区管理的系统化和规范化提升。旅游中的各项服务通过信息化整合到了一起，大数据旅游平台搭建起来后，景区的旅游周边资源才能得以充分挖掘，目前倚赖人满为患、牺牲游客体验换取旅游收益的病态产业链条才得到重塑。

8. 智慧金融。智慧金融是依托于互联网技术，运用大数据、人工智能、云计算等金融科技手段，使金融行业在业务流程、业务开拓和客户服务等方面得到全面的智慧提升，实现金融产品、风控、获客、服务的智慧化。

金融主体之间的开放和合作，使得智慧金融表现出高效率、低风险 的特点。具体而言，智慧金融有透明性、便捷性、灵活性、即时性、高效性和安全性等特点。

9. 智慧能源。智慧能源是利用物联网、云计算和新一代信息化技术将各种能源关联起来，进行智能化开发、开采、输送及使用的能源系统，智慧能源的"智"和"慧"主要体现在以下方面：

（1）智慧能源是水、电、气、热、油等综合能源的整体解决方案。智慧能源所涉及的是多种综合能源，是从多种能源的应用特点出发，采用专业智能化技术和手段，提供整体解决方案，进行优化设计、输配、调试、运营和服务，从而达到高效、节能、清洁的目的。

（2）智慧能源是一个高效、互动、融合的能源体系。智慧能源是集成了各类能源管理系统的顶层系统体系，贯穿了能源的所有环节，各个环节之间能够进行及时、准确、高效的数据交互和融合，从整体上进行能源优化、减少和降低决策延迟和失误，从而保障能源系统运行的高效和互动，提高能源运行效率，降低能源浪费和损失。

（3）智慧能源包括常规能源、新能源、分布式能源形势。智慧能源不仅仅包括常规能源的管理，还包括太阳能（光伏一体化）、风能、分布式能源的接入，以智慧的方法开发、运输和利用各类能源，提高各类能源的综合利用效率，减少浪费，使之成为清洁、高效的能源。

10. 智慧物流。智慧物流基于物联网、RFID 技术，通过以精细、动态、科学的管理，实现物流的自动化、可视化、可控化、智能化、网络化，从而提高资源利用率和生产力水平。

智能物流的具体方法就是利用条形码、射频识别技术、传感器、全球定位系统等先进的物联网技术通过信息处理和网络通信技术平台广泛应用于物流业运输、仓储、配送、包装、装卸等基本活动环节，实现货物运输过程的自动化运作和高效率优化管理，提高物流行业的服务水平，降低成本，减少自然资源和社会资源消耗。智能物流在实施过程中强调的是物流过程数据智慧化、网络协同化和决策智慧化。智能物流在功能上要实现 6 个"正确"，即正确的货物、正确的数量、正确的地点、正确的质量、正确的时间、正确的价格。在技术上要实现：物品识别、地点跟踪、物品溯源、物品监控、实时响应。

智慧物流的建设，对企业来说有利于降低物流成本、减少流通费用、增加利润；对消费者来说可以实时使用货物源头自助查询和跟踪等多种服务，买的放心，收件速度快；对当地政府来说，大大节省了相关政府部门的工作压力，并可促进当地经济进一步发展。

三、智慧城市评价指标

智慧城市就像是一台电脑。主板和各类主线就像是城市的信息基础设施，承担着各类信息的传送；主板上各式各样的模块和板卡就像城市中的各个功能区域或组织，负责处理和交换各种信息；外接设备就像城市的传感网络搜集和输出各类的信息；而之所以称其为"智慧"，是因为在这台"电脑"上可以生成和运行完成各种任务的"软件"，即智能应用。

随着智慧城市在全球的开展，制定客观公正的评价体系，对一个城市的智能化水平及其信息技术应用进行定量和定性分析，有利于更好地了解一个城市向智能化迈进的程度，把握潜在的市场机会和制定进一步的发展战略，对于推动整个智慧城市的建设具有不可或缺的重要意义。

1. 有助于城市明确其战略发展方向。我国各个城市在经济实力、社会资源、技术水平、基础设施建设水平、服务管理能力等方面存在较大差异。因此，针对不同发展水平的城市，不能采用一刀切的发展战略。通过系统阐述智慧城市内涵体系及发展规律，构建科学的智慧城市评估理论模型及具有系统性、前瞻性、操作性的评价指标体系，能够充分反映智慧城市的本质特点、发展规律及未来趋势，让各个智慧城市建设者清晰全面地了解城市自身发展状况，用一个系统运行效果及存在的问题，进一步明确城市未来发展方向，为持续优化、构建最佳发展路径提供决策参考。

2. 有助于保障城市建设质量。智慧城市是一个复杂的巨系统，主要建设发展过程包括生态规划、协同建设、健康运营、科学评价、持续改进等环节，其中科学评价发挥着重要作用。智慧城市建设过程的每一个环节都应该开展相应的评估，保证各项建设工作在预期内高质量的完成。一方面，评估工作涉及模式、机制等宏观管理的考核，有利于规范各方的权利和责任；另一方面，评估工作能够及时发现建设过程中存在的问题和不足，并及时总结建设过程中的成功经验，指导下一步工作。

3. 有助于提升城市运行效果。智慧城市的服务管理覆盖了与工作密切相关的医疗、教育、社保、就业、交通、应急等贴近民生的关键领域，最能反映一个城市的智慧化程度。随着民众服务需求的不断升级，跨部门的业务和服务事项的不断增多，城市部门间的协调程度受到了很大的挑战，以绩效为驱动力能够有效提高城市各个服务部门的运行效果。其一，绩效评估能够从整体上把握不同领域的绩效水平；其二，绩效评估能够根据不同领域、不同部门、不同业务范畴的差异与特征，对服务管理的各个细节进行考核，通过绩效评估改善城市跨领域、跨部门的业务与服务水平，提升城市整体运行效果。

（一）国内智慧城市评价指标体系

国外有关智慧城市评价指标体系的研究始于 2007 年。国内起步较晚，于 2010 年起，一些学者、研究机构开始关注智慧城市指标体系的构建工作，主要包括三个方面的内容：评价体系的框架、评价指标和评价方法。多数研究只是处于理论探索的层面，很少有实证分析的研究成果，相对于城市信息化测评指标体系较为成熟的研究而言，有关智慧城市评价指标体系的研究还处于探索阶段，尚未形成国家层面的智慧城市综合评价指标体系。国内外智慧城市评价指标体系概况如表 2－2 所示。

表 2 - 2 　　　　　　　　　国内外智慧城市评价指标体系

指标体系	应用范畴	评价层面	一级指标	二级指标	三级指标
IBM 商业价值研究	商业咨询	全球	4	21	37
维也纳技术大学	学术	欧盟	6	33	74
国际智慧城市组织	国际组织	全球	5		
上海浦东 2.0	政府	区	6	18	37
宁波	政府	市	6	19	32
南京	政府	市	4	20	
北京	政府	市	4	19	
住建部	政府	区、镇	4	11	57
中国软件测评中心	产业研究	行业	3	8	53
工信部软件与集成电路促进中心	产业研究	行业	6	27	35
工信部电信研究院	产业研究	行业	2	9	25
中国工程院	产业研究	行业	5	20	
国家信息中心	产业研究	行业	6	32	76
北京国脉互联信息股份有限公司	商业咨询	产业界	7	16	
贝尔信公司	商业咨询	产业界	5	19	64
赛迪世纪	商业咨询	产业界	5	15	57

　　在国内，上海浦东新区 2011 年 4 月率先完成《浦东新区智慧城市建设评价指标体系（框架）》的起草工作，并正式对外发布。这是国内首次对智慧城市概念进行系统梳理，并提出量化指标。该发布的指标体系由"上海浦东智慧城市发展研究院（等）"研究起草，国内十余所高校、主流通信运营商、智慧城市解决方案提供商以及浦东新区相关事业单位共同参与。该指标体系主要是基于城市"智慧化"发展理念，统筹考虑城市信息化水平、综合竞争力、绿色低碳、人文科技等方面的因素综合而成，目的主要是

较为准确地衡量和反映智慧城市建设的主要进度和发展水平，为进一步提升城市竞争力，促进经济社会转型发展提供有益参考。

该指标体系主要可分为智慧城市基础网络设施、智慧城市公共管理和服务、智慧城市产业经济发展、智慧城市市民人文科学素养 4 个纬度，包括 19 个二级指标和 45 个三级指标。45 个三级指标采集方法主要包括：现有统计体系（包括统计部门和主管部门统计来源）已有采集或可以采集、通过市场调研（抽样检查或全样本检查）获取。比如核心指标中要求城市行政审批项目网上办理比例≥90％，市民每日平均交通拥堵时间≤0.5 小时，市民平均门诊所需时间≤1 小时，食品药品追溯系统覆盖率≥90％，电子教学平均比例≥50％，企业电子商务行为率≥95％等，充分考虑了百姓衣食住行的实际需求，将大大提高市民的"幸福感"。通过本指标体系对智慧城市的评价结果分为三类，分别是：非智慧型城市、初步智慧型城市、成熟智慧型城市（见表 2－3）。自智慧城市开始建设以来，智慧城市评价便受到研究机构、政府部门、科技企业等的重视。

表 2－3　　　　　　　　　智慧城市评判标准

评判结果	核心指标达标率	一般指标达标率
非智慧型城市	<80％（<12 项达标）	<80％（<24 项达标）
初步智慧型城市	≥80％（≥12 项达标）	≥80％（≥24 项达标）
成熟智慧型城市	100％（15 项达标）	≥90％（≥27 项达标）

（二）国外智慧城市评价指标体系

纵观国外关于智慧城市评价指标体系的研究，2007 年维也纳技术大学 Giffinger 教授提出的欧洲智慧城市评价体系是典型代表。他指出，智慧城市应能在六大领域具有前瞻性的优秀表现，这六大领域包括智慧经济、智慧交通、智慧环境、智慧民众、智慧生活、智慧治理，共31个二级指标、73个三级指标，具体内容如表2-4所示。

表2-4　　　　　　　　　智慧城市评价指标体系

维度	二级指标	三级指标	权重（%）
智慧经济	创新精神	GDP中R&D投入占比	17
		知识密集型产业员工雇用比例	
	创业能力	人均专利率	17
		自我雇佣率	
	经济形象和商标	新企业登记数	17
		作为决策中心的重要度	
	生产率	就业人口人均GDP	17
		失业率	
	劳动市场弹性	兼职雇佣比例	17
		国际股市上市公司的总部数量	
	国际融入性	航空乘客运输量	17
		航空货物运输量	
智慧交通	本地网络接入能力	人均公共传输网络数	25
		对公共交通方便性的满意度	
		对公共交通质量的满意度	
	国际网络接入能力	国际接入方便性	25
	信息通信技术基础设施普及率	家庭拥有计算机数	25
		宽带互联网入户率	
	可持续、创新和安全的交通系统	绿色出行比例（非机动车个人交通出行方式）	25
		交通安全性	
		经济型车辆使用率	

续表

维度	二级指标	三级指标	权重（%）
智慧环境	自然环境吸引力	日照小时	25
		绿化率	
	污染度	夏天烟雾	25
		特别事件	
	环境保护	人均致命的慢性下呼吸道疾病数	25
		保护自然的个人举措	
	可持续资源管理	对自然保护的态度	25
		水的有效使用（每单位 GDP 的使用量）	
		电的有效使用（每单位 GDP 的使用量）	
智慧民众	素质水平	作为知识中心的重要性（一流研究中心和大学等）	14
		达到 5~6 级国际标准教育分类法人数	
		外语水平	
	终身学习的兴趣	居民人均借书率	14
		参与终身学习人数比例	
		参与语言课程人数	
	社会和民族多元性	外国人占比	14
		国外出生的国人比例	
	灵活性	找到新工作的感知	1
	创造力	创意产业中工作人数比例	14
	开放性	欧洲选举中投票率	14
		移民友好型的环境（对移民的态度）	
		对欧盟的了解	
	公共生活参与度	城市选举投票率	14
		参加志愿者工作	

维度	二级指标	三级指标	权重（%）
智慧生活	文化设施	人均看电影次数	14
		人均参观博物馆次数	
		人均看戏剧次数	
	健康条件	人均寿命	14
		人均病床数	
		人均医生数	
		对医疗体系质量满意度	
	个人安全	犯罪率	14
		遭袭击死亡率	
		对个人安全满意度	
	居住质量	达到最低标准化住房比例	14
		人均生活面积	
		对个人住房条件满意度	
	教育设施	人均学生数	14
		对进入教育系统满意度	
	旅游吸引力	对旅游者位置的重要性	14
		每年人均过夜数	
	社会凝聚力	对个人贫困风险的感知	14
		贫困率	
智慧治理	民众参与决策	居民城市代表数	33
		居民的政治活动	
		政策对于居民的重要性	
		女性城市代表所占份额	
	公共与社会服务	政府采购机构中市政人均费用	33
		进入托儿所的儿童比例	
		对学校质量满意度	
	治理透明性	对官僚机构透明性的满意度	33
		对反腐工作的满意度	

问题三 为什么要做智慧城市的顶层设计

一、智慧城市的顶层设计原则

智慧城市是一个城市级的众多业务应用平台和综合信息集成的超大规模的信息化体系。因此，必须按照从顶层自上而下的顶层设计思路进行规划设计，以实现城市级各业务应用平台和系统的集成。所以，顶层设计是智慧城市建设必要的首要环节。

所谓智慧城市顶层设计，其含义就是把整个城市看成一个整体，在各个局部系统设计和实施之前就进行总体架构分析和设计，从而让各个分系统有着统一的标准和架构参照。通过顶层设计架构，达到城市综合管理和公共服务信息的交互、城市级综合数据的共享，以及应用功能的协同等，从而有效解决跨部门、跨系统的合作。

顶层设计（Top-down Design）的概念源于系统工程，其主要思想内涵是利用系统的观点，按照科学的理论、方法和步骤，通过多视角地对系统进行整体全面分析、描述和设计，建立系统设计对象的总体架构，让对象内部的各子对象有着统一标准和架构参照，实现规划与实施一致、结构功能协调、标准规范统一、资源充分共享。顶层设计最初主要运用在自然科学和大型工程技术工程领域，在不同的领域也有不同的内涵和外延。

智慧城市顶层规划要提出和解决以下主要的问题：

1. 如何保证智慧城市顶层体规划同它在城市管理和公共服务的内容与任务在总体战略上的一致性。

2. 为完善智慧城市在城市管理和公共服务等方面的内容和任务，怎样提出、组织、设计智慧城市建设总体框架结构，并在此基础上设置和开发相应的业务应用系统平台。

3. 对于在业务范围和现实功能具有重叠与竞争的业务应用系统，应如何拟定优先实施计划和运营资源的分配与安排。

4. 面对智慧城市系统工程分期和分阶段实施的工作内容和任务，应如何遵循信息论、系统论和控制论的观点和原则制定具体项目实施的策略、措施、方法和计划等。

（一）普适性原则

近年来，智慧城市的建设尝试，均集中在经济发达地区，即使是中西部城市，也是经济实力相对雄厚的地方。但是，智慧城市建设作为一项国家战略举措，不能将贫困地区关在门外。所以在做顶层设计时，必须考虑到广泛的普适性。比如西藏林芝地区，总体进入住建部的智慧城市试点名单，其中米林县，人口2万，财政收入微薄。如果按照目前行业内流行的顶层设计规范，这个地方根本无法进行智慧城市建设。经过调研后，给其提出来的建议是：加大政府职能部门科学决策能力建设，注重智慧的积累，而不是IT基础设施的投入。

因此，在做智慧城市顶层设计时，要考虑到东、西部发展的差异性，尽量弱化IT地位，提高管理的分量。这样，即使在缺乏大额资金投入的前提下，也能有效地开展智慧城市建设。

（二）科学性和目的性原则

一般来说，任何设计方案的权威性，均来源于学术机构、权力机构、投资机构。学术机构的科学性，是容易为世人所能接受的定理；权力机构是制定规则的，代表的就是政府认可；投资机构是项目的业主方，其权威性也是不容置疑的。所以在做顶层设计时，要充分整合这三方面的资源，考虑这三方面的诉求，才能推出具有权威性的顶层设计案。智慧城市建设和发展目标是其超大型信息系统规划的出发点。信息系统规划从智慧城市目标出发，分析智慧城市的信息需求，通过智慧城市知识体系研究，逐步导出智慧城市建设体系规划的战略目标和总体结构。

（三）自上而下设计与自下而上实施相结合原则

智慧城市的建设，是个复杂又长期的累积过程，现在仍处于探索阶段。智慧城市顶层规划，必须从顶层自上而下进行规划，并着眼于高层和综合管理的规划，同时满足各级管理和业务应用的需求。因此，在做顶层设计时，必须要抓住共性，形而上地提出指导性方案。在具体建设过程中鼓励单点、单领域大胆尝试。比如可以推动移动医疗，为发展智慧医疗打下基础；可以着手整合交通信息，为智慧交通积累数据与经验。当一个地方的各行各业都具备有一定的信息化水平时，再进行系统性地整合，就离智慧城市不远了。但这个时候也容易造成建设乱状。所以，在做顶层设计时，除了自上而下的指导性方案之外，也要约定自下而上地统一数据格式与接口，为以后的资源整合打好基础。比如制定行业数据的统一模板，就可以回避这种风险。所以，以自上而下设计和自下而上实施相结合的原则，才能推出具有可操作性的智慧城市顶层设计方案。

（四）整体性和应变性原则

信息系统平台的规划和实现过程，是一个"自顶而下规划、自底向上设计"的过程。采用自上而下的规划方法，可以保证系统平台结构的完整性、集成性，以及与信息的一致性。

着眼于智慧城市运营的流程再造，智慧城市建设最基本的活动和决策可以独立于任何管理层和管理职责。组织机构可以有变动，但最基本的活动和决策大体上是不变的。从智慧城市建设过程的了解往往从现行组织机构入手，只有摆脱对它的依从性，才能提供顶层规划的应变能力。

顶层规划应给后续的专项业务平台和底层应用系统设计提供指导，并要具有连贯性和整体性。设计方案选择应追求时效，宜选择最经济、简单、易于实施的方案；技术应用手段强调实用，不片面追求品牌和脱离主流技术的"超前性"。

二、智慧城市的顶层设计内容

（一）智慧城市规划内容

智慧城市规划的内容通常可以分为三个方面：智慧城市基础设施的建设、智慧城市平台建设、智慧城市应用的顶层设计。

1. 智慧城市基础设施建设。建设智慧城市需要提供信息通信系统承载能力、设施资源的综合利用能力，提高信息通信基础设施服务水平，主要包括以下几个方面的建设：

（1）构建城市网络。高速融合下一代宽带网络，建设 T 级骨干网、G 级接入网、宽带城域 IP 网、无线宽带城域网、地面数字电视单频网（DTMB）、业务 IP 化的下一代高速融合网络，打造无缝连接的城域泛在网，形成多层次、立体化、高带宽的有线无线基础网络覆盖。

引导通信运营商，加快城市泛在网建设，积极引入 EPON、GPON、FTTH、ASON、OTN、PTN、Wi－Fi、LTE 等技术，重点推进光纤网络、无线宽带城市、第三代移动通信网络建设和第四代移动通信网络试点，实现"处处可以高速上网"，为智慧城市数据流、信息流提供基础网络支撑和保障；同时，建设城市全覆盖的感知网络，以及广泛的射频识别感知网络和视频监控网络，促进卫星定位系统和城市地理信息的结合应用，建立统一布局的环境感知监控网络，完善无线电监测网络，实现城市动态实时感知。

（2）构建云数据计算。云数据中心针对智慧城市的各种信息进行存储、处理、交换、灾备、高性能计算等服务的基础支撑，是智慧城市平台支撑基础。建设云计算技术创新和公共服务平台等云计算基础设施，大力推进云计算应用示范，建成以公共性基础性资源最大化为特征的"公共云"、以若干个部门（行业）应用和服务系统的集聚为依托的"部门（行业）云"。选择大城市作为云计算试验城市，推进云计算社会化、市场化建设与运作，降低信息化的运营成本。

（3）搭建物联网基础服务网络。建设物联网技术与创新公共服务平台。积极引导社会力量，布设和整合全球眼、RFID、GPS以及各类传感设备，实现对数据的大范围采集，强化基础信息的共享和调用，形成遍布各主要城市、包含众多关系的数据精确采集与处理能力。

（4）加快推进"三网融合"。以试点城市为切入点，进一步加快互联网、电信网和广电网"三网"融合，促进业务运营相互准入、对等开放、合理竞争，切实解决在三网融合中存在的技术、体制、效益等方面可能存在的问题和风险。

（5）完善城市信息数据库。加快完善城市省基础信息资源，以政务网为基础，积极利用社会资源，通过逻辑和物理整合，建立起分级管理、调用及共享机制，支撑智慧城市基础信息需求。建立和完善城市通用数字地理信息数据库，宏观经济基础数据库、全省法人证照信息共享服务系统、省人口计生信息服务系统和省流动人口综合信息服务管理系统等信息数据库系统。

2. 智慧城市平台建设。智慧城市从技术层面简单理解是由分散在大量不同部门、不同物理位置的信息系统和数据库组成，通过政务网、专用网、互联网、无线网、物联网等通信网络资源从信息通路上进行连接。如果部门之间、系统之间通过点对点的方式建立联系，一些共性的、基础的功能每个系统重复投入建设，对于整个"智慧城市"建设是非常不经济的。通过构建城市公共信息平台，实现统一规划、统一标准、统一技术、统一平台、统一运维，将极大提高"智慧城市"建设的实际成效，降低成本、提高能力、规范建设、平滑扩展。

（1）智慧政务体系。以统一的电子网络体系为基础，深化电子政务顶层设计，推进建立智慧政务体系。以服务公民和企业为对象，以资源整合为重点，实现各部门互联互通、业务协同、数据交换和信息共享。增强社会综合治理能力，强化综合监管，实现统一的应急指挥、部门间协调、对外政务服务、信息公开和互动交流、网上审批、网上执法、电子、审计监督等智慧政务功能，全面推进面向就业、社保、三农、防灾减灾、养老、基层服务等公共服务智慧应用系统的建设，使城市政府运行和管理更加智能。

（2）智慧环境管理体系。构建面向社会和市民的完善高效的城市环境管理体系，以智慧技术加强资源、数据和流程的整合，借助物联网技术，把感应器和装备嵌入到各种环境监控对象中，通过超级计算机和云计算将环保领域物联网整合起来，可以实现人类社会与环境业务系统地整合，以更加精细和动态的方式实现环境管理。

（3）智慧安全管理体系。以物联网技术为手段，以电子政务网为基础，构建智慧化城市安全管理体系，加快推进城市管理、公共安全、工作协同等智慧管理体系建设，强化对城市管理的事前防控、事中处理与协同。实现数据采集、三维监控、事件预警、监督指挥、突发事件管控、协同联动等智慧化应用，并构建纵向连接各级城市管理部门、横向连接各相关专业处置单位或部门的信息化体系。

（4）智慧交通体系。利用视频监控、车辆定位、视频识别等物联网技术，推进交通服务和管理系统、公共交通管理和调度系统、交通应急指挥系统、公众出行服务系统、自动收费系统、信息服务系统等智慧系统，推进自动化、实时性、跨部门的智慧交通应用体系，通过智慧化提高道路畅通能力和节能减排能力。

（5）智慧能源体系。强化智慧技术在新能源产业中的应用，以物联网技术、设备和工艺高起点规划风能、太阳能、潮汐能、核能等产业。重点推进智慧技术在智慧电网改造，加快智慧技术或设备如使用传感器、智能仪表、数字控制和分析工具在发电、输电、配电、供电和居民用电服务等环节中的应用，实现对电网设备的数据实时检测与分析、故障预警与定位、动态分析与应对，远程自动抄表，减少故障发生的可能性，提升资源的利用效率。强化智慧环保体系建设，实现水、空气质量实时监督、视频监控、自动分析及预警、移动执法应用，提高对城市水资源的监控水平，构建绿色、低碳的生态环境。

（6）智慧金融体系。加大物联网技术对金融产业的改造力度，重点强化城市省金融行业的新产品创新、研发、销售能力和品牌造力，提高资源综合利用水平、技术工艺系统集成水平，提高产品质量、技术含量和附加值。加大电子商务在金融、公共事业、超市百货、文化娱乐、物流、税务、国际贸易等领域的应用和推进。加大企业管理系统、生产经营系统、安防监控系统、客户关系系统、营销辅助系统在金融方面的应用，发挥金融行业的优势，建立智慧化应用试点工程，并能够在全国推广的金融应用案例。

（7）智慧物流体系。鼓励射频技术、二维码、卫星定位、传感设备在物流关键领域的应用，引进社会优势资源，重点建设农产品溯源管理系统、冷链物流物联网、物联网企业管理系统、物流综合信息服务平台，实现对重点物流企业、主要农产品生产、流通相关企业的产品追溯、安全监管、管理提升、流程优化等服务，促进物流企业成本下降、效率提升和管理创新，支持物流企业做优做大。建立智慧物流示范应用企业，通过示范应用，提升城市在全国物流业中的地位。

（8）智慧医疗体系。完善医疗基础信息数据库，推进电子健康档案、电子病例、危机管理信息系统等基础医疗数据系统建设，实现医疗、医药和医保信息联动和共享，利用传感器、下一代通信网络、GPS 定位、移动视频等新技术，重点推进远程挂号、远程诊断、远程医疗救助和高危老人监护等智慧化应用的研发和推广。实现医疗卫生体系的电子化、网络化、自动化和智能化，提高医疗保障水平和社会医疗资源的共享水平。

（9）智慧生活体系。结合社区、小区、物业、居民的不同需求，推进智慧社区建设，以社区信息化公共服务平台为基础，实现物业电子化管理、实时监控、安防巡更、社区热线、助老服务、便民电子商务、智慧家居、智慧楼宇等应用，进一步提升小区的管理、安监水平和居民生活品质。结合各地社会保障卡项目建设，利用移动支付、手机钱包等技术，不断丰富一卡通应用范围，提升支付安全水平、便捷水平，提升人民生活质量。

（10）智慧教育体系。强化智慧技术在城市省教育、培训和宣传中的应用。推进科教信息系统、远程教育系统和校园一卡通服务系统，构建智慧校园服务。以旅游信息系统、海峡旅游一卡通、自助导游及服务系统，构建智慧旅游。以数字图书馆服务平台、数字资源共建共享平台、移动数字图书馆、图书射频身份识别技术，构建智慧图书馆服务。以 IPTV、数字电视、动漫基地为手段，推动建设城市动漫创意中心。通过整合城市省优秀文化信息资源，壮大城市文化教育事业及文化创意产业。

（二）智慧城市应用规划

智慧城市应用应该包括城市的方方面面，且具有全面感知、智能创新、协同高效、自我完善等特点的城市体系。智慧城市的应用规划，应充分利用新一代信息技术，加强建设、公共管理服务及资源环境的多方面资源整合，结合城市的特点和实际情况，选取合适的城市应用，全面提升智慧化水平。

第一，要了解城市发展现状。

第二，要进行全面的需求分析。

第三，要进行科学的效益分析。

第四，要以先进的设计理念进行指引。

第五，要科学制定智慧城市的发展战略。

同时，在科学规划过程中要遵循"五行原则"，即愿景先行、"智""慧"同行、四路（信息基础设施、公共管理服务、产业发展、支撑环境）并行、操作可行、目标必行。

第六，智慧城市顶层设计要充分结合自身城市的特点，在科学的调研和分析的基础上进行（见图 3 – 1），不能脱离实际。此外，底层设计也不容忽视，把握好智慧城市顶层设计和底层设计的关系也是非常重要的（见图 3 – 2）。

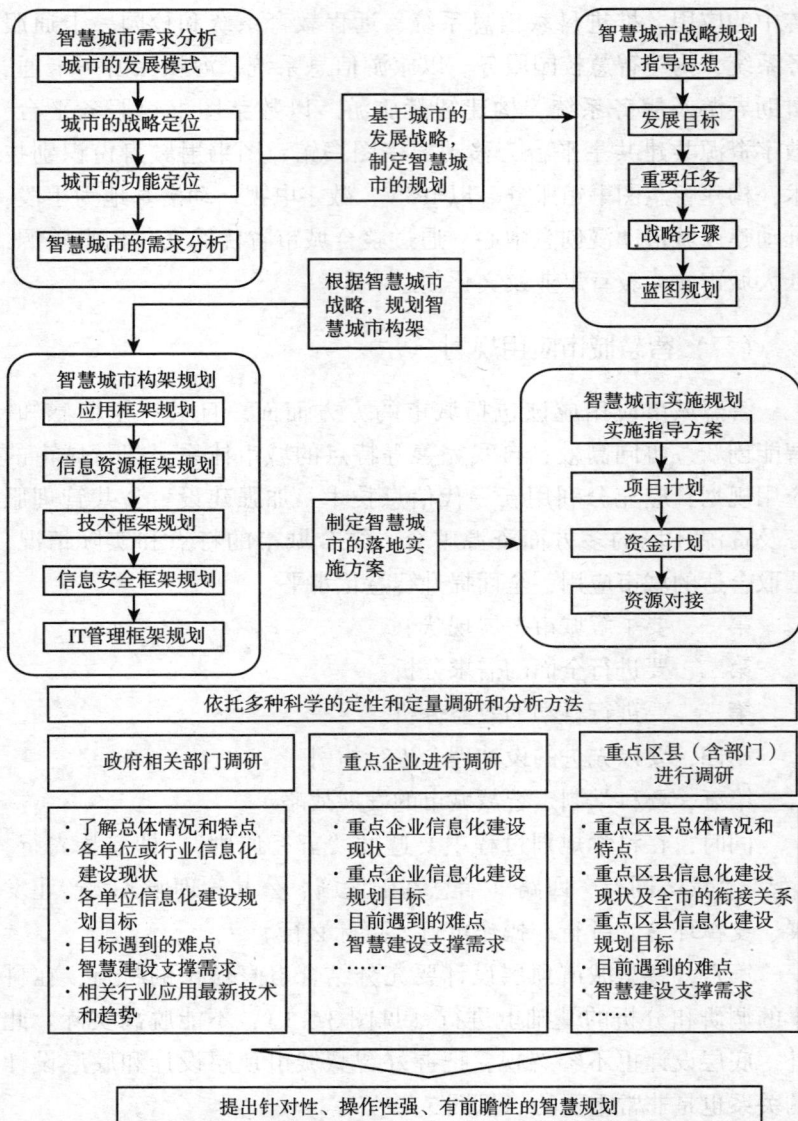

图 3 – 1　智慧城市总体规划步骤

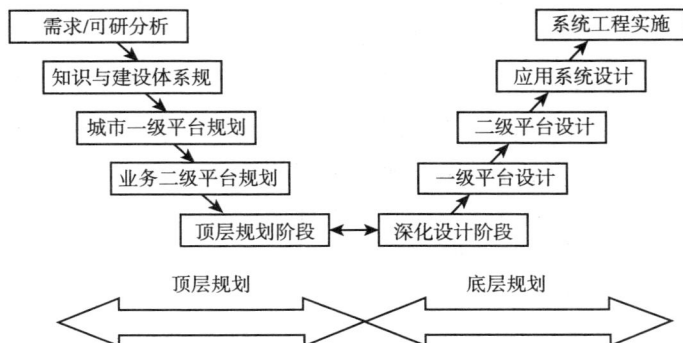

图 3 - 2 智慧城市顶层规划与底层设计

（三）智慧城市架构体系

遵循信息化顶层设计方法，根据智慧城市发展目标、业务全景和建设内容，智慧城市总体架构按照层次原理（功能调用关系、信息之间的利用关系、设备的属性）进行设计，包括一个感知基础、两个技术平台、三大保障体系、四个应用领域、五个架构层次。

具体包含：一个感知基础：可感知的基础设施；两个技术平台：三网融合的网络平台、基于云计算的数据平台；三大保障体系：标准体系、安全体系、管理运维体系；四个应用领域：城市智慧运行、政府智慧治理、企业智慧运营、市民智慧生活；五个构架层次：感知层、网络层、数据层、平台层、应用层。

三、智慧城市的顶层设计步骤

正是由于智慧城市信息系统工程耗资巨大、技术复杂、系统开发和建设周期长，所以需要一个从顶层的规划，以智慧城市知识体系研究和智慧城市建设体系规划为智慧城市顶层规划的核心内容，以城市级的信息互联互通及数据共享作为整个智慧城市系统平台分析的切入点和根本规划的对象，从战略上把握智慧城市信息系统工程建设目标和功能框架。从全局出发，对项目的各个层次、要素进行统筹考虑，确定系统的整体结构、层次划分，以及不同部分之间的协作，从而实现理念一致、功能协调、结构统一、资源共享、部件标准化。

智慧城市顶层设计的主要思路如下：

1. 从全局的视角出发，围绕智慧城市核心目标，对智慧城市建设进行总体、全面的设计，确保理论一致、标准统一、功能协调、结构稳定、资源共享。

2. 顶层设计要体现出理念、技术、模式的先进性，认识上要有新高度，达到国际先进水平、国内领先水平。

3. 以系统论方法为指导，顶层设计的相关成果能够对智慧城市建设具备切实可行的指导作用。

智慧城市顶层设计实施工作指南包括智慧城市顶层设计实施方案、项目周期估算、费用预算三部分内容。

（一）智慧城市实施方案

智慧城市顶层设计建设思路如图3-3所示。

（二）智慧城市规划设计

制定智慧城市顶层规划的设计如下：

1. 确定顶层规划编制大纲，包括编制的目标、原则、范围、内容和方法。

2. 收集来自本地区城市内部和外部环境与本规划编制相关的各种信息，将收集的各种信息进行归纳和整理，并根据智慧城市

```
┌─────────────────────────────────┐
│      组建项目领导与咨询工作组      │
└─────────────────────────────────┘
                 ↓
┌─────────────────────────────────┐
│  解读城市发展规划，明确其定位和重点方向  │
└─────────────────────────────────┘
                 ↓
┌─────────────────────────────────┐
│  任务分解，明确任务目标，确定关键任务  │
└─────────────────────────────────┘
                 ↓
┌─────────────────────────────────┐
│  分析各子任务涉众，明确主导和参与单位  │
└─────────────────────────────────┘
                 ↓
┌─────────────────────────────────┐
│  深入调研与分析，了解现有资源和约束， │
│        分析目标可行性            │
└─────────────────────────────────┘
                 ↓
┌─────────────────────────────────┐
│  深化设计，研究方案落地细节，     │
│      形成实施方案建议            │
└─────────────────────────────────┘
                 ↓
┌─────────────────────────────────┐
│        征求意见，修订方案         │
└─────────────────────────────────┘
                 ↓
┌─────────────────────────────────┐
│    提交智慧城市顶层设计规划方案    │
└─────────────────────────────────┘
```

修订任务内容

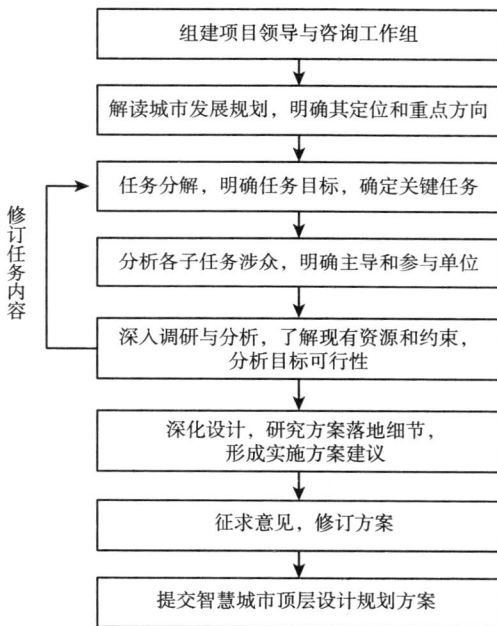

图 3 - 3　智慧城市顶层设计建设思路

顶层规划编制大纲中提出的目标、原则、范围、内容和方法等进行智慧城市建设需求分析。

3. 在智慧城市建设需求分析的基础上，结合智慧城市建设战略性、可行性的研究，对顶层规划编制大纲中提出的建设目标、建设原则、范围、内容和方法，以知识体系研究为先导，以建设体系规划为核心内容，落实分期阶段性实施计划与安排、财务情况，以及建设风险程度和软环境等多方面进行全面的研究和论证。

4. 定义约束条件，根据财政情况、人力资源、基础设施、信息资源等方面的限制，定义智慧城市建设项目的约束亲件和相应的支撑政策与法规。

5. 明确智慧城市建设战略目标，根据需求分析和可行性研究，以及约束条件。确定智慧城市建设战略目标，也就是在建设项目（可分期）结束时，智慧城市应具有怎样的能力（如标体系），包括：智慧城市在管理与公共服务的范围、功能结构、技术应用、项目实施要点和分期阶段性进度计划和项目概算等。

6. 提供智慧城市顶层规划的知识体系研究和建设体系规划结构图，通过智慧城市顶层规划体系结构图勾画出未来智慧城市信息系统建设框架，体现系统平台之间的层次和相互之间的关联性与集成性。

7. 确定智慧城市建设项目的分类和分期阶段性实施的战略规划，根据建设资源的限制条件，选择智慧城市建设周期和分期实施的计划，确定优先实施项目的内容和任务，以及制定建设项目实施先后的顺序。

8. 提出项目实施的进度计划。在确定建设项目实施顺序后，估算项目建设的成本、制定对人力资源和信息资源整合的要求等具体实施计划，以此作为整个实施阶段的任务、成本和进度计划。

9. 通过智慧城市顶层规划。将上述根据顶层规划编制原则完成的文档，经过整理形成《智慧城市顶层规划方案》。在此过程中，不断征求各方面业务应用信息系统平台用户和息系统专家的意见和建议，并经相关部门组织的《智慧城市顶层规划方案》评审，通过后方可执行。"顶层规划方案"应作为下一步智慧城市各专项业务平台规划和底层应用系统设计的指导性文件和设计依据。

（三）智慧城市实施步骤

1. 组建智慧城市咨询规划工作组。组建智慧城市咨询规划工作组，工作组成员包括政府领导小组、政府信息化主管部门人员、智慧城市业务领域专家。

2. 解读城市发展规划，明确其定位和重点方向。为确保智慧城市的建设目标符合城市总体规划建设目标以及城市未来的整体信息化发展目标，需要搜集城市在国民经济和信息化等方面的发展规划、战略规划，以及智慧城市建设和信息化建设方面的政策文件，通过解读城市发展规划，以及与政府高层领导的深入交流，明确城市发展定位和重点方向。

3. 任务分解，明确任务目标，确定关键任务。不同城市的智慧化建设中，城市管理、民生服务和产业经济发展三个方面的需求是共通的，但不同城市对这三个方面的侧重点和深入度有所差别，这决定了智慧城市项目建设过程中的个体差异。

4. 分析各子任务涉众，明确主导和参与单位。分析各子任务的所有涉众，包括实施主体、协作单位、系统用户等，进而明确各子任务建设涉及的政府主导部门、参与单位，以及各角色在系统建设中需承担的职责和提供的协助。

5. 深入调研与分析，了解现有资源和约束，分析目标可行性。制定《需求调研计划》，该计划需由工作组向所有涉及的委办局发文，由工作组、设计单位组成的调研小组按计划开展需求调研，调研方式包括：问卷调查、座谈会、原型法、参观考察等。

通过需求调研，理清城市的基础条件，城市现阶段的信息化成果和资源概况，分析实施主体和用户的具体需求。在需求调研过程中，需要详细调研现有资源和现状存在的约束，包括调研数据资源、设备资源、人力资源、技术资源等资源现状，未来的系统建设是否需要兼容遗留系统、利用已有设备等约束条件，以及资金投入限制、业务人员资源和素质限制等制约因素。通过需求调研，分析前期制定的任务目标的可行性，如果任务目标不可行或者与实际情况严重不符，需要在此环节进行修订。

需求调研和分析的步骤如图 3 - 4 所示。

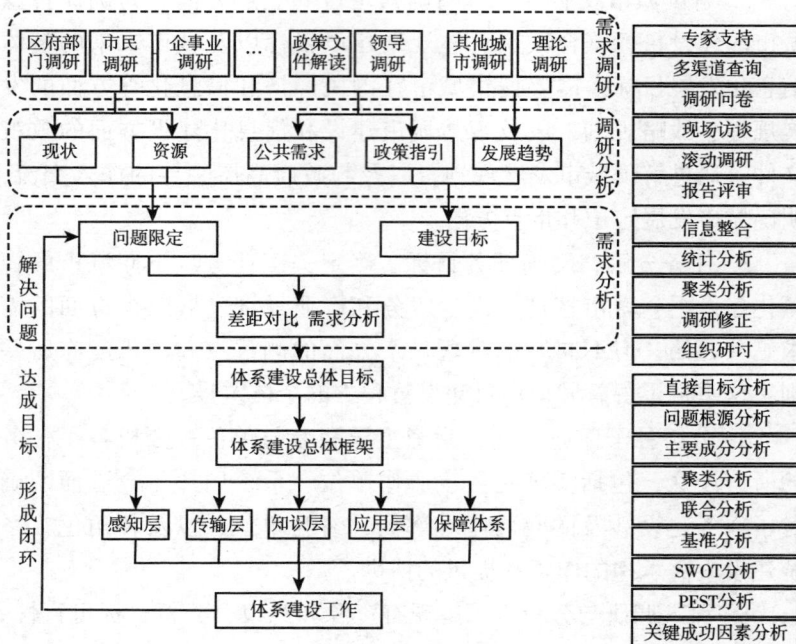

图 3 - 4　需求调研和分析步骤

6. 深化设计，研究方案落地细节，形成实施方案建议。根据任务目标，以及现状和需求分析的结果，对各子任务进行深化设计。应用系统设计成果需包括可落地的系统建设建议，能够为未来的系统建设提供实施指引。设计时应首先从城市管理、民生、产业领域的各个智慧应用入手，通过对应用系统的设计，进一步推导支撑智慧应用所需的知识层、网络层、感知层的设计方案。

7. 征求意见，修订方案。提交智慧城市顶层设计方案送审稿，由工作组组织内部评审会（评审小组需包括各委办局单位，由于规划实施后各委办局的项目由科信局负责审批，因此规划方案的内部评审需由各委办局通过），必要时还可组织专家咨询会。设计单位根据评审建议，对设计方案送审稿进行改进和优化。

8. 提交智慧城市顶层设计规划方案。设计单位提交最终的智慧城市顶层设计方案征求意见稿，由设计工作组组织专家评审，以通过项目验收评审专家组的验收评审为项目验收通过标准。

智慧城市顶层设计方案应包括但不限于以下内容：《智慧城市顶层设计需求调研分析报告》《智慧城市顶层设计总体框架设计》《重点应用系统建设方案建议书》《信息资源整合技术方案》《总体工作计划和重要里程碑设计》以及智慧城市顶层设计建设总体概算等。

智慧城市的规划和建设与城市战略紧密关联，必须搭建一个共性的城市管理平台，能够对接和整合上级推行下来的各种智慧应用，并整合当地的资源，遏制部门利益，形成部门间的整合，防止各自为政的局面发生，需要有高层次的决策机构统筹各垂直部门，整合强力资源。进行系统的、全面的、科学的顶层设计，才能真正实现智慧城市的建设与发展。

问题四 城市如何一键掌握
——体验智慧管理

一、智慧政务管理

【小贴士】

创业者的烦恼

李先生年初辞掉了大企业令人艳羡的工作，搬到郊区，以一名独立设计师的身份开办了自己的工厂。没有公司条条框框的束缚，没有每天"两点一线"上下班令人难以承受的快节奏，全力以赴的投入到创业中。但是让李先生头疼的是，住在郊区确实不如在市区方便，比如自己要去工商、税务等一些政府部门跑手续，很多业务的办理都不是一次性就能完成的，再加上堵塞的交通、排队的人群、还有头顶热到爆炸的太阳……这对创业初期的他而言真是又麻烦又不得不面对的事情。如果这个城市有智慧政务的话，所有流程都可以通过网络审核、网上信息录入、按要求提交资料，就可以省去很多时间和路程，就能让和李先生有同样需求的人们足不出户专心创业了。

建设智慧城市是以城市这个开放的复杂的系统为对象，以城市基本信息流为基础，运用决策、计划、组织、指挥、协调、控制等一系列机制，采用法律、经济、行政、技术等手段，通过政府、市场与社会的互动，围绕城市运行和发展所开展的决策引导、规范协调、服务和经营行为。科学的管理可以促进城市的健康、快速发展，无序的管理将制约城市的发展。城市管理的本质是对城市资源进行合理调配，实现城市资源的效益最大化，其目的是为了协调、强化城市功能，保证城市发展战略的实施，促进城市社会的和谐发展，使人们能够享受幸福生活。

智慧管理包括政府管理和公共管理领域的智慧化建设，包括智慧政务、智慧环保和智慧安全等方面。其目的是，通过新一代信息技术在城市管理中的广泛应用，全面加强公共管理资源的整合及管理部门的信息共享与业务协同，实现管理方法多样化、管理手段高端化、管理过程精准化、管理水平高阶化。同时，不断创造公众参与管理的基本条件及外部环境，调动公众参与管理的积极性，真正形成全社会共同参与治理的局面。

（一）我国电子政务发展现状及问题

电子政务是政府以现有的网络技术，通过先进的信息技术使政府服务与管理达到和谐可持续发展，通过系统集成，有机地组合成一个一体化的、功能更加强大的由诸如政府信息资源系统、城市运行监测系统、社会保障系统、公共安全监管系统等组成的应用性系统，实现管理、服务的无缝化连接，为人们提供更客观化的服务选择、更透彻的需求分析以及更便捷的智慧响应。

根据电子政务服务对象的不同，可以分为政府对政府电子政务、政府对公民电子政务以及政府对企业电子政务三大类。

首先，政府对政府电子政务。主要针对政府各部门的职能及信息共享进行同功能、不同级别机构的纵向整合，以及不同功能、同级别机构的横向整合，加强各部门合作性及协同决策性，信息服务趋向标准化；同时，按工作性质授予不同部门不同数据库权限、不同部门不分级别可直接进行即时性网上工作交涉，其执行形式如功能体系中的政法管理系统、财税管理系统、政府人力资源管理系统、地理信息检测系统等。

其次，政府对公民电子政务。这是智慧政务服务的核心和关键，具有信息双向沟通、政务公开透明、政务参与公平、言论责任性与有效性、信息服务即时化、全时化、移动化、普遍化等特点；个人信息数据库使得公民参与社会活动或政务活动具有实名制特点，保证了网上交易的安全性，公民在网上即可完成与政府、与企业或个人之间事务的交涉处理，主要通过个人信息管理系统完成。

最后，政府对企业电子政务。是指政府通过电子网络与企业进行合作，为企业提供信息服务，促进企业发展的服务模式；具有信息双向沟通、政企合作便捷、高效、透明等特点；政企交涉事务均可实现网上处理，通过感知层的 RFID 技术等可加强对企业的监督、方便相关部门对企业的检查，主要通过公司企业信息管理系统实现。

虽然近几年我国电子政务取得了长足的进展，但也存在着不少问题，制约着我国电子政务的进一步发展。

1. 政府对电子政务的系统性及其在信息化建设当中的地位认识不够，缺乏明确的发展策略。我国在发展电子政务方面存在不少错误认识。一种是把电子政务仅仅当做政府部门的计算机化，不重视软件的开发和政府业务流程的整合，而是用计算机系统去模仿传统的手工政务处理模式，结果很多政府部门的计算机设备成为高级打字工具，没有发挥应有的作用。另一种是简单地把电子政务等同于政府上网，以为把政府一些政策、法规、条例搬上网络就万事大吉，没有把传统的政务工具同网络服务有机地结合起来。主要原因是对电子政务的系统性及其在信息化建设当中的地位缺乏认识。

2. 电子政务的发展存在"重电子轻整合、重电子轻政务"的现象。电子政务的关键是"政务",而不是"电子"。但不少领导者只是把电子政务当成一种新技术,以为只要投资,有了硬件设备就算建成电子政务。事实上,电子政务最需要的是强有力的统一领导,否则,利益冲突无法协调,标准规范无法统一,系统无法一体化,资源(包括信息)无法共享,重复建设无法避免。因而,把电子政务落到实处的关键还是在"政务"上,电子只是为政务提供支撑和服务。提高电子政务水平的关键不在于技术,而在于对政府行为、公共管理行为的研究和改进。

3. 保障电子政务发展的法律、法规还不完善。电子政务的发展离不开良好的法律法规环境。纵观世界主要发达国家,为了促进电子政务的发展,都制定或修改了相关法律。然而,我国在保护电子政务信息安全方面的电子政务立法一直是滞后的。我国目前电子政务的法律法规很不健全,只是由行政机关对互联网管理出台了一些限制性的行政法规。政府信息化缺乏基本的法律和制度保障。如缺少政府信息公开法、政府信息资源管理法。原有的一些法律已不能适应信息化发展的要求。法律法规的欠缺势必阻碍电子政务建设的进程。

4. 电子政务的发展缺乏统一规划,领导机构不健全。目前,我国电子政务的发展缺乏宏观规划,国家没有提出明确的电子政务发展目标,也没有制定相应的发展规划。各地电子政务的建设是各自为政,采用的标准各不相同。机构还很不健全,作用也很有限。主要表现在:

(1)体制不顺。如国家信息办公室归国务院领导,但地方政府的信息办公室(或称信息中心)则有的地方归政府办公室领导。

有的地方归科技部门领导，有的地方属于政府的职能部门，有的地方则成了事业单位。

（2）职能不清。本来政府部门的电子政务领导机构应统一领导、管理电子政务工作。但是，现在普遍担负不起这个任务。即政府对公众的电子政务和政府对企业的电子政务服务等，尚无职能部门管理。这些都是制约我国电子政务发展的重要原因。

（二）智慧政务概述

在"智慧城市"的规划建设中，以电子政务为代表的"智慧政务"无疑是开启这扇智慧之门的按钮。智慧政务是指政府机构运用现代网络通信、计算机技术、物联网技术等将政府管理和服务职能通过精简、优化、整合、重组后到网上实现。打破了时间、空间及条块的制约，为社会公众及自身提供一体化的高效、优质、廉洁的管理和服务。智慧政务将进一步提高政府工作效率，提高各级政府公共服务能力，创建平安和谐的社会环境，为城市的建设提供强大的动力和支撑。

从智慧政务的内涵看：智慧政务是指运用信息与通信技术，打破行政机构局限，改进政府组织，重组公共管理，实现政府办公自动化，政府业务流程信息化，为公众和企业提供广泛、高效和个性化服务的一个过程。

从智慧政务的对象和职能看：可分为内部和外部两个部分。内部主要是各级政府之间、政府的各部门之间以及各公务员之间的互动，承担政府的决策和管理职能；外部主要是政府与企业、政府与市民之间的互动，承担政府对外服务和监管职能。

智慧政务是转变政府职能的创新性手段，具有内部管理集约、行政审批高效、公共服务便捷、领导决策科学等典型特征，是电子政务发展到一定程度以后的高级阶段，是电子政务效率最大化。

智慧政务的建设正是实现电子政务升级发展的突破口，是政府从管理型走向服务型、智慧型的必然产物，也是引导智慧城市建设的主干线。

（三）智慧政务体系结构

智慧政务系统体系结构一般由公共数据中心、移动电子政务、智慧行政服务中心、智慧的领导决策四部分组成。

1. 公共数据中心。是由政府所有职能部门的政务数据组成的，该数据中心按照"政务基础数据库＋业务数据库"的模型进行分别建设，从而实现对公共数据的全面共享，同时也为智慧城市公共服务提供信息服务。

2. 移动电子政务。采取将移动通信技术与互联网相结合的方式，打破时间、空间上的限制，实现随时随地的政务服务。

3. 智慧行政服务中心。利用信息技术，在功能上做到全业务覆盖、全过程监控、全系统享受，实现政务信息公开、行政许可与审批、公共服务、效能监察等在数字化、网络化、智能化的环境下运行。

4. 智慧的领导决策支持。利用完善的领导决策技术体系，实现社会发展、经济建设、重大项目、公共突发事件、重大活动指挥、城市综合管理及社会热点等各方面的智能化决策。

（四）智慧政务特征

智慧政务系统是以物联网、云计算、3S、数据的标准化和数据共享、海量数据存储和数据挖掘、大数据及智能处理等先进技术高度融合为支撑，以市政各行业的基础设施动态监控、应急指挥和辅助决策为主旨，以信息技术高度集成，城市基础设施智慧服务、高效便民，智慧产业高端发展为主要特征的市政智能化管理新模式。

1. 广泛覆盖。广泛覆盖的信息感知网络是智慧政务的基础，为了更及时全面地获取城市信息，更准确地判断市政基础设施运行状况，智慧市政中心系统需要拥有与市政各类要素交流的能力。智慧市政的信息感知网络应覆盖市政基础设施的时间、空间、对象等各个维度，能够采集不同属性、不同形式、不同密度的信息。物联网技术的发展，为智慧市政的信息采集提供了强大的能力。

2. 深度互联。智慧政务的信息感知是以多种信息网络为基础的，如固定电话网、互联网、移动通信网、传感网、物联网等。"深度互联"要求多种网络形成有效连接，实现信息的互通访问和接入设备的互相调度操作，实现信息资源的一体化和立体化。

3. 协同共享。在智慧政务系统中，任何应用环节都可以在授权后启动相关联的应用，并对其进行操作，从而使各类资源可以根据系统的需要，各司其能地发挥最大价值。这使各个子系统中蕴含的资源能按照共同的目标协调统一调配，从而使智慧市政的整体价值显著高于各个子系统简单相加的价值。

4. 智能处理。智慧政务拥有体量巨大、结构复杂的信息体系，这是其决策和控制的准则，而要真正实现"智慧"还需要表现出对所拥有的海量信息、大数据进行智能处理的能力。这要求智慧政务能够根据不断触发的各种需求对数据进行分析，从而实现智能决策，并向相应的执行设备给出控制指令，这一过程中还需要体现出自我学习的能力。以云计算为代表的新的信息技术应用模式，是智慧政务智能处理的有力支撑。

5. 开放应用。智慧政务的信息应用应该以开放为特性，不仅仅停留在政府或城市管理部门对信息的统一掌控和分配上，而应搭建开放式的信息应用平台，使个人、企业为系统贡献信息，使个体间能通过智慧政务系统进行信息交互，如济南公安共享路灯杆空间数据，这将充分利用系统现有能力，大大丰富智慧城市的信息资源，并且有利于促进新的商业模式的诞生。

（五）智慧政务的作用

智慧政务可以让政府政务更加高效，让企业和市民交流起来更加方便。具体说来就是：

第一，智慧政务可以提高政府办事效率，降低管理成本。通过网上管理大大提高了办事效率，又为政府节约了办公费用。政府通过物联网、互联网、云计算及时收集社会各方面的意见，并通过各类网络进行回复和处理，不仅提高了政府的办事速度，同时降低了政府的管理成本。

第二，智慧政务不仅能使政府部门更公开更透明地运作，还可以使"黑箱操作"、"人治大于法治"等现象在很大程度上得到遏制，公众有更多的机会参政议政，对政府的监督也会更有效。

第三，智慧政务可以更充分、更合理地利用政府信息资源。政府各类信息资源可以通过互联网进行共享，资源闲置、浪费和重复建设等问题都可以通过统筹管理所有资源来解决。信息资源通过电子政务共享进行存储、检索和传播，更能有效发挥其作用，也能更有效地支持政府的决策。

第四，智慧政务可以使政府监管能力得以有效提升。政府应用网络技术，吸取远程数据，快速和大规模地进行采集和分析，使有用的信息得以集中管理、合理使用，大大增强了监管者的管理能力和效率。

（六）智慧政务的发展趋势

1. 资源整合步伐加快。目前，我国电子政务应用发展的主要瓶颈是地方之间、部门之间不能协同共享应用系统和信息资源，形成了若干"信息孤岛"。为了消除障碍，实现信息资源的开发利用整合信息资源，使各个系统之间的资源得到优化和共享，从而实现其价值。未来智慧政务的资源整合的步伐将加快，力度将加大，这也是实现智慧政务系统更加具有效率和功能的基础。资源整合首先是政府管理结构的整合，体现为政府管理体制的变革和政府职能的转变。

2. 全面提升公众服务。在智慧政务系统建设中应以服务为中心，立足于社会和公众的需求，通过智慧政务系统提高便民和为民服务的意识。政府门户网站的建设将成重点，在提高原有电子政务的便民服务和提高政府办事效率的功能方面，政府门户网站不仅能提供信息服务，还能实现网上办事、地级市政务外网的建设将获得全面进展，同时多种手段的服务方式，包括电话、手机以及便民卡等，将和外网整合在一起，为公众提供多种接入手段。政府将更加贴近公众，政府门户网站的便民服务交互功能将进一步加强。在实践过程中，类似"条块结合模式""网上一站式办公""网上审批"等一大批应用系统将得到推广。

3. 建立智慧政务系统绩效评估体系。我国原有的电子政务系统绩效的实践更多地采取的是理论特点鲜明的评估体系。这些体系在强调理论体系的同时，忽视了电子政务在各地所处的不同发展程度和特殊矛盾，必然缺乏评估过程中所应有的良性的激励效应。所以，"评估什么""怎么评估"是将智慧政务系统绩效评估体系建设迫切需要深入思考的问题。

4. 外包模式强化政企共同参与。政府在智慧政务建设中将不再大包大揽，更多地将充分依托社会力量，采取外包方式强化政企共同参与。IT 企业与政府部门共同参与智慧政务系统建设，智慧政务系统建设的收益和风险可以由企业与政府共同承担。

5. 智慧政务系统的开放性更强。国家作为国家信息的主要拥有者，对于保密级别不高的数据库，可以在互联网上向公众提供检索服务。对于保密数据库，在政府专网上提供功能服务，根据政府工作人员的身份，限制其访问对象、类型、方式、时间，仅对其进行权限管理。

6. 政府网站趋于"标准化"。政府网站标准化的内容主要包括：界面一致，统一的入口，各页面或站点关系明确、类目清楚，电子政府部门提供的服务一目了然、内容丰富，能够充分满足公众的需求、内容检索功能强大、使用方便，充分考虑到不同用户的需求。

7. 信息安全不断加强。信息安全是我国信息化道路的最大特色。安全策略的制定，包括政府信息系统的安全等级的分类、与安全等级相应的安全措施的要求、对参与系统开发和运行的企业的要求和约束、系统安全的审计、安全问题的报告制度和程序、紧急情况的处理和应急措施等。

二、智慧环境管理

【小贴士】

穹顶之下的呼唤

46 亿年前，有一颗蔚蓝色的星球诞生在浩瀚的宇宙中，她是那样美丽，是养育人类的伟大母亲——地球。随着工业和现代化的发展，人们对自然资源的过度消耗，深深地伤害了地球母亲，天空不再蔚蓝，河流不再清澈，空气不再清新……"不是被邪风冻死，就是被雾霾毒死"成了我们常有的调侃，大多是无奈的揶揄，然而望向窗外霞光一抹下的淡蓝天空，却也感受到了改变的力量。2015 年初，一部由央视前记者柴静自发调查的大型空气污染深度公益调查《穹顶之下》的发布，再一次唤起了大众对于雾霾的强烈关注，随着该片以迅雷不及掩耳之势登顶各大社交媒体头条之余，节能减排、减少雾霾一夜间成为了大家的共识与行动目标。时过几年，当时的种种议论归于平静，但是我们依旧面临着严峻的城市空气污染问题。呵护我们共同的家园，从我做起，一滴水、一点空气、一寸土地，我们都要倍加珍惜！

（一）我国城市环境存在的问题

环境，包括以空气、水、土壤、植被为主要内容的物质因素。人类向环境排放超过其自净能力的物质或能量，从而使环境的质量降低，对人类的生存与发展、生态系统和财产造成不利影响，主要表现为水污染、大气污染、噪声污染、放射性污染等。随着科学技术水平的发展和人民生活水平的提高，环境污染也在增加，特别是在发展中国家。环境污染问题越来越成为世界各个国的共同课题。

1. 城市水环境污染日益突出。我国城市污水排放一直保持着较高的水平，严重污染城市水体。生活污水和工业废水是造成城市水环境污染和恶化的两个主要因素。由于受经济结构调整、产业技术进步和污染控制措施得力等综合因素的影响，我国工业废水排放总体上呈下降的趋势。与工业废水排放情况不同，随着城市化进程的加快和城市生活水平的提高，生活污水排放量不断增加，城市生活污水排放成为城市水环境的主要污染源。

2. 城市大气污染十分严峻。近年来，我国城市空气质量逐步恶化，存在较严重雾霾环境的城市数量不断增加。城市大气污染以煤烟型为主，这与我国以煤为主的能源构成和消费结构密切相关。随着城市规模的不断扩张和机动车数量的迅速增加，机动车尾气引起的城市空气污染问题日益严重。特别是北京、上海、广州等超大城市，机动车尾气已经成为城市大气污染的首要原因之一。

3. 城市生活垃圾污染不断加重。城市生活垃圾是城市环境问题的又一重要方面，有关城市生活垃圾污染和处理问题正在引起越来越广泛的关注。随着城市人口的增加和生活水平的提高，我国城市生活垃圾的生产量越来越大。统计资料显示，全世界垃圾年均增长速度为8.42%，而中国垃圾增长率达到10%以上，已成为世界上垃圾包围城市最严重的国家之一。全世界每年产生4.9亿吨垃圾，而中国每年就产生近1.5亿吨城市垃圾。目前，全国城市生活垃圾累计堆存量已达70亿吨，占地约80多万亩（1亩≈666.7m²）。全国600多座城市，除县城外，与此相对应的是仅为50%左右的城市垃圾处理率。①

4. 城市噪声污染明显上升。目前，我国多数城市处于中等噪声污染水平，城市噪声污染投诉在各类环境污染投诉中所占的比例最高，而且有逐年增加的趋势。噪声的污染源按其贡献率大小依次为生活噪声、交通噪声、工业噪声和建筑工地噪声。

对于环境污染的防治与监控，国家一直在加大投入力度，无奈环境污染防治与监控工作难度巨大，工作量巨大，耗费巨大人力、物力、财力，收效不是特别理想。

（二）智慧环境概述

智慧环境通过运用各种先进感知技术、网络技术及信息技术把感应器和装备嵌入到各种环境监控对象中，通过超级计算机和云计算将环保领域物联网整合起来，构筑"感知测量更透彻、互联互通更可靠、智能应用更深入"的"智慧环保"物联网体系，

---

① 高树栋. 浅议城市垃圾 [J]. 科技资讯，2007（5）.

并以此为载体推动"数字环保"向"智慧环保"转变。可以实现人类社会与环境业务系统的整合，以更加精细和动态的方式实现环境管理和决策的智慧。

实现智慧环保目标，要以环境信息化为基础载体，让信息技术为我国城市环境管理服务创新提供有效支撑，建立高度信息化、现代化和智慧化，让政府、企业和市民满意的智慧环保体系。近年来，全国环境信息化工作会议明确指出，环境信息化的实施要整体考虑，加强战略规划、总体推进、因地制宜、分类指导、突出特色和强化功能服务。在环境信息管理和数字环保规划等领域已经为智慧环保的实现奠定了基础，根据国家有关生态文明、绿色发展、信息产业和城镇化质量提升的总体要求，提高环境监管质量和增强环境服务能力是智慧环保的战略重点。"战略规划"在城市改革发展的战略决策模式中，成为贯彻科学发展观、追求可持续发展的重要指导思想。信息化已成为推动环境管理模式转型创新、提升环境管理精细化水平的重要手段。环保业务的复杂性和综合性，凸显了环保信息化战略规划的重要性和紧迫性。

"智慧环境"体系的构建是全球信息化发展的客观要求，是实现环境管理科学决策和提升监管效能的基本保障。环境信息种类繁多、数量巨大，只有通过深入推进环境信息化建设，实现环境信息采集、传输和管理的数字化、智能化、网络化，才能从大量繁杂的信息中发现趋势、把握重点，使环境管理决策体现时代性、把握规律性、富于创造性，提高环境管理决策的水平和能力，推动各类环境问题的有效解决。

"智慧环境"体系从主观上是为了加强监管，但从客观上讲，又可以促进企业节能减排技术改造，还能通过信息公开等手段，增强公众监督和参与力度。作为"智慧城市"的有机组成部分，"智慧环境"将成为未来环境保护工作发展的方向和目标。

（三）智慧环境的特征

1. 安全。通过环境监测预警系统，可以降低环境污染事故的发生率，提高环境污染事故的应急响应。

2. 全面。通过环境监测系统，对环境质量的变化做全程监控，对环境状况作出全面的评估。

3. 快速。对于环境破坏事件可以迅速找到污染源，并做出相应的对策，减轻污染源对环境的破坏程度。

4. 准确。能准确地了解污染源的特点，并找出相应的对策。

（四）智慧环境应用系统规划目标

1. 总体目标。理顺城市环境信息管理体制，完善城市环境信息的各种网络建设，提升环境信息网络性能，强化环境信息资源整合力度。根据环境管理业务现状和环境管理发展需求，以现代信息技术为主要支持手段，建设以信息采集为基础、以业务应用为核心的新型数字化环境管理模式。在此基础上构建"智慧环保"应用架构和技术架构，最终建成一个集网络建设、应用集成、数据共享和信息服务于一体的环境信息综合网络平台，形成技术先进、应用广泛、性能完善、安全可靠、运行高效的环境信息管理体系。实现城市环境保护资源的有机整合，提高环境信息资源的开发和利用水平，实现环境管理业务流程的重组和优化，提高工作效率，加快城市环境信息化建设的步伐和环境管理工作现代化的进程，为城市环境决策和环境管理提供全方位的技术支持和技术服务。

2. 主要任务。主要任务就是以信息资源为基础、信息网络为载体、信息技术为手段，实现省、市、县三级及环境保护部之间的信息畅通集成；建成环境在线监测系统、重点污染源在线监控系统、省市县三级环境管理信息系统"三位一体"的高水平监控体系；全面提升环境信息化管理应用水平，为环境业务管理、内部管理、公众服务提供强大的信息技术支撑。围绕总体目标，搭建智慧环保应用系统的总体架构，概括起来说就是"一套标准、两项保障和两级中心、三层应用、四个平台"。"一套标准"，就是环保信息化要在统一的标准规范体系下实现有效集成；"两项保障"，即信息安全保障和信息化运维管控体系。"两级中心"，即省市两级数据中心；"三层应用"，即省市县三级环保信息应用服务；"四个平台"，即内部应用平台、外部服务平台、系统支撑平台和基础设施平台。

智慧环保信息资源层次如图 4-1 所示。

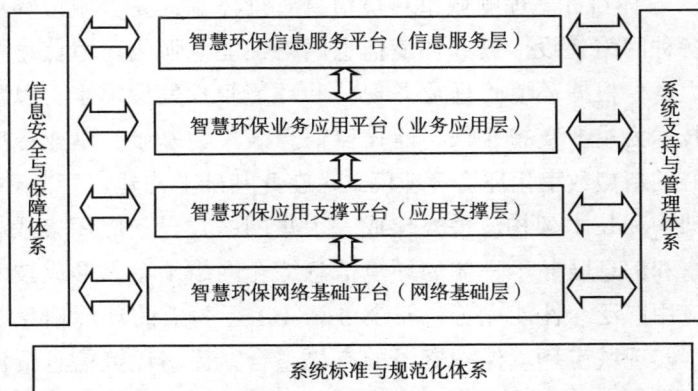

图 4-1 智慧环保信息资源层次

3. 近期目标。

（1）加强基础网络建设。重点建设省市之间的环保局广域网络系统、重点污染源在线监测数据传输网络系统和重点流域水质自动监测数据传输网络系统、重点核设施辐射环境监测系统，加强网络系统资源的整合和网络安全的管理。

（2）加快系统应用开发。遵循统一的开发标准和技术规范，加快开发新的环境管理业务应用系统并集成到应用平台，整合现有环境管理应用系统。重点进行环境基础数据库、环境科学共享数据库、宏观经济数据库等建设，建立和完善环保系统信息发布和交换平台及环境数据中心，提高环境信息资源共享程度和利用水平。

（3）提高环境信息服务能力。加大环境信息服务力度，以机关内网电子政务综合平台和环境信息广域网络为依托，开发和集成各类应用系统，建立环保部门内部信息门户。以政府门户网站为依托，进一步完善公众参与、在线办事功能，为公众提供"一站式"环境信息服务，开展政府与公众的网络互动，推进环境保护的宣传教育。

（4）完善环境信息安全体系。积极应用数据加密、身份认证、访问控制、安全检测、数据备份、双路供电等技术，保证网络环境下用户身份的可靠性，增强系统的安全性，建立可信任网络体系。同时要建立并执行完善的安全管理制度，构筑全方位多层次安全体系，为环境信息化的健康有序发展提供坚实的保障。

（五）智慧环境应用系统实现路径与措施

1. 实施路径。智慧环保应用系统的建设应该科学统筹规划，整体拓展推进；精心合理组织，省市互动合作；扩展网络环境，推进互连互通；跟踪科技发展，及时调整调控；注重投资效益，分层组织实施。

（1）第一阶段为系统平台搭建和重点项目建设阶段（3～5年）。主要以网络基础设施建设和部分重点项目建设为主要内容，建立环境数据、应急指挥、环境自动监控"三个中心"，初步搭建环境信息网络基础平台、环境信息应用支撑平台、环境信息业务应用和环境信息服务四个平台，建立环境信息系统标准与规范化体系、环境信息安全与保障体系、环境信息系统支持与管理体系三大体系，基本形成以环境管理重要手段为主的信息管理网络构架。其中，环境信息系统标准与规范化体系的建立、基础数据中心的建设、环境事故应急指挥、环境监测监控、环境管理综合业务、生态环境信息管理、固体废物信息管理、领导决策支持、移动办公、网络视频会议等系统是该阶段的重点项目。

（2）第二阶段为系统完善阶段（1~2年）。以新项目的续建及系统完善为主要内容，继续拓展环境信息化管理与建设的范围。

（3）第三阶段为智慧环保的成熟阶段（1~2年）。通过各级"智慧环保"工程的建设，最终形成全省统一的、标准的、规范的、现代化的环境信息网络体系，实现各级环保部门的联网和与政府各相关部门的信息共享，提高环境管理整体水平和应急响应能力，为政府决策提供技术支持，向社会和公众提供服务。

2. 保障措施。

（1）加强组织领导，健全管理机制。各级领导需要提高环境信息化建设的意识，增强对环境信息化建设的认识和紧迫性。加强组织领导，强化协调一致，站在全局的高度，在提高认识的基础上，强化领导，把"智慧环境"建设工作当作一件重要工作来抓。可以成立专门的领导班子，组建项目实施的管理机构。结合环境信息能力建设规划环境信息工作计划，在总体规划的框架下，制订项目建设实施方案和工作计划，并纳入各级环保部门的规划和年度计划中，采取一切有力措施，落实好各项任务。建立项目建设和运行的管理机制和制度，确保认识到位、责任到位、措施到位、投入到位，加快数字环保的建设步伐。充分发挥各级环境信息管理机构的优势，使其成为总体规划实施的综合决策、统一协调和资源优化配置的技术支持部门。

（2）环境信息网络基础能力建设。环境信息网络基础能力是保证数字环保总体规划实施和运行的基本措施。在充分发挥各级现有环境信息基础网络设施的基础上，重点保证信息的正常采集、基础数据中心的建设、网络安全运行及基础软件等方面的建设，合理配置资源，为项目实施创造良好的环境。

（3）开拓投资渠道，确保资金投入。加大各级政府财政投入力度，并逐年有所增加。科学合理地统筹制定经费预算，努力开拓各种投资渠道，扩大经费来源，保证资金持续投入。环境信息网络系统的建设和功能的充分发挥，投资额度需要有保证，根据信息化发展的趋势和环保事业对环境信息化建设的需求分析，对信息化建设的投入资金需要逐年增加。

三、智慧安全管理

【小贴士】

长春天网事件

2013 年 3 月 4 日发生在中国吉林长春的一起盗车弑婴案。罪犯在盗窃车辆后，将车中的两月婴儿掐死埋于雪中，将婴儿衣物和被盗车辆丢弃在公主岭市永发乡营城子村后潜逃。2013 年 3 月 5 日 17 时，迫于强大的压力，凶手到公安机关投案自首。

盗车弑婴案于 2013 年 3 月 5 日晚间告破，盗车地点距婴儿被埋地点不到 40 公里，也就一个多小时的路程，却历经近 40 个小时的"全民搜索"。最终的结果却是嫌犯主动到公安机关自首，婴儿被不幸掐死抛尸雪中。

时隔五年，今天的天网还能允许消耗 40 多个小时的"全民搜索"都救不了无辜的婴儿吗？我们期待的城市智慧安全管理能充分利用信息技术，完善和深化"平安城市"工程，深化对社会治安监控动态视频系统的智能化建设和数据的挖掘利用，整合公安监控和社会监控资源，建立基层社会治安综合治理管理信息平台；积极推进市级应急指挥系统、突发公共事件预警信息发布系统、自然灾害和防汛指挥系统、安全生产重点领域防控体系等智慧安防系统建设；完善公共安全应急处置机制，实现多个部门协同应对的综合指挥调度，提高对各类事故、灾害、疫情、案件和突发事件防范和应急处理能力，真正地为每个人的生命财产安全保驾护航。

城市是以人为主体，由社会、经济、资源、环境、灾害等要素之间通过相互作用相互依赖、相互制约所构成的复杂空间地域系统。一方面，城市突发性事故不仅对个人、群体和组织的正常活动构成了巨大威胁，而且使得城市公共安全面临空前的挑战；另一方面，随着城市化进程的加快，大量人口涌入城市，在为城市发展注入活力的同时，也给城市公共安全带来巨大压力。我国公共安全面临严峻挑战，对科技提出重大战略需求。以信息化、智慧化、网络化技术应用为先导，发展城市公共安全多功能、一体化应急保障技术，形成科学预测、有效防控与高效应急的公共安全技术体系，是当前非常迫切需要解决的问题。城市公共安全管理问题目前已成为影响我国经济社会改革、发展与稳定，提升城市管理品质、实现城市可持续发展的重要课题。

（一）我国信息化安防发展现状及问题

现阶段，政府应对城市公共安全事件时，在信息化建设方面仍存在以下问题。

1. 公共安全信息感知方面。虽然在城市主要道路安装了摄像头，在危险源点、消防监测点、环保监测点等安装了监控设备，但仍以各行业分散管理为主，且监测点较少，不能做到安全信息的全面感知。

2. 公共安全基础设施建设方面。我国政府信息化建设工作虽然取得了一定的成效，各个部门都有一定的公共安全网络基础，担负直接处置突发事件职责的部门，都建有相应的公共安全应急指挥机构、信息通信系统、防灾设施装备、应急救援队伍，建立了监测预报体系、组织指挥体系和救援救助体系。但是由于公共安全应急信息系统缺乏统一的标准和规范，完备程度参差不齐，条条分割、条块分隔、信息"孤岛"等现象仍然存在。

3. 信息共享方面。信息资源整合力度不够，缺乏有效的信息共享机制。公共安全信息系统基本上是相互割裂的垂直系统，不利于有效的沟通与合作，以及各类信息资源的应急整合。这种分行业、分部门、以"条"为主的垂直系统和单灾防御体系，在突发事件发生时，往往信息不能共享。此外，政府公共安全信息化在应对突发事件时所起的作用，仅仅停留在信息发布、数字报送、灾情的直观展现，以及提供一些人际沟通。也就是说，所起的作用还是"行政"的成分居多，对于支持灾情的控制没有起到实质性的推动作用。

4. 城市公共安全信息发布系统方面。存在时效性、信息不对称等误区。由于各级政府长期以来缺乏信息公开的主动性和制度性，或把社会突发事件作为"负面消息"或淡化处理，甚至有的下级机关怕被追究责任而瞒报。

（二）智慧安全概述

随着经济社会的快速发展及城市化进程的不断加快，公共安全问题出现了涉及范围广、影响程度深、牵涉因素多、突发性强等新的特点。而目前城市公共安全管理能力建设跟不上城市发展的速度，已成为影响城市和谐发展的不稳定因素。在此背景下，加强公共安全管理，尤其是加强智慧化的公共安全系统建设，不仅可以为智慧城市建设提供重要支撑，而且可以为经济社会的可持续发展打下坚实的基础。

智慧安全是以传感网为基础，通过城市安全信息的全面感知、各子系统间协同运作，资源共享，以建立统一的公共安全系统及应急处理机制，实现对公共安全的应急联动、统一调度、统一指挥，达到对公共安全的智慧化管理，其核心是通过信息的整合、加工处理，实现有效的预测、预警，并通过资源整合与联动，实现高效、智能化的应急处理。

智慧安全的"智慧化"管理主要体现在以下三个方面：

（1）通过信息技术的广泛应用及体制机制的创新，实现智慧化的预测、监测及有效的安全隐患避免。例如，通过摄像头、传感器、RFID 等传感设备在城市重要部位和关键节点的安装布局，加强对城市安全信息的采集、处理，实现实时动态化的监测、预测，并有效避免安全隐患。

（2）通过资源整合，实现一体化的安全管理。

（3）智慧化的公共安全管理不仅具有规划、标准等程序化特点，还具有一定的灵活性，具有灵活的处理能力。

（三）智慧安全的特征

城市公共安全管理的目的在于通过预防、控制和处理危及城市生存与发展的各类安全问题，提高城市应对危害的能力，改善城市的安全状况，提高其生存和可持续发展的安全性，使得城市与广大公众在突如其来的事件和灾害面前尽可能做到临危不乱和处变不惊。因此，城市公共安全管理应具有以下特征。

1. 预测、监测与避免。城市公共安全事件具有突发性、隐蔽性、系统性、综合性、连锁性、衍生性等特点。一旦发生，事态规模大、涉及面广、影响深、危害程度高。判断城市公共安全管理是否完善和有效，不仅要看它应对和解决各类突发性城市公共安全问题的能力，还要看它预见、监测和避免问题的能力。

2. "一元指挥"与整体联动。城市公共安全事件一旦发生，需要多个部门的协作，并协调多方资源。因此，在由相互关联或相互作用的众多要素所构成的城市公共安全管理中，必须强调一元指挥与整体联动。一元指挥是指组建高效、精干的常设领导机构，在公共安全事件发生时，行使紧急处置权力，进行统一指挥，协调各方的应急行动，调配应急资源。整体联动是指不同部门或机构进入应急状态后必须保持相互联络与相互协调。

3. 规范、标准与柔性。健全的城市公共安全管理不仅具有规范、标准等程序化特点，还应体现一定的灵活性。前者指的是体系的应急响应、应急指挥、应急行动等均应按照既定的标准化程序（SOP）进行；后者是指一些新出现的城市公共安全问题往往出人意料，在无章可循的情况下，应采取灵活的处理措施。

（四）智慧安全应用系统实现路径与措施

智慧安全的管理目标主要是通过信息技术的广泛应用及体制机制的创新，实现智慧化的预测、监测及有效的安全隐患避免；通过资源整合，实现一体化的安全管理。

建设城市公共安全应用平台，以系统集成、信息集成、通信集成、功能集成为建设目标，实现城市视频监控、报警联网、"三警合一"、卡口控制、集成通信、舆情分析、人口管理，GIS标绘、可视化展现的信息大集成，以及公共场所、建筑物、住宅小区的报警、视频、出入口控制的大联网。

城市公共安全管理目标是，通过统一的城市公共安全信息平台，实现城市各业务应用与安防监控系统的监控状态及报警信息的显示、各系统间实时信息的交互与数据共享以及各系统间的功能协同和控制联动。同时要实现与智慧城市"一级平台"、城市数字化管理平台、城市应急指挥应用平台、城市智能交通管理平台、城市基础设施管理平台的互联互通和信息共享。

1. 城市公共安全治理的先行者。相比于其他的体系成员，政府应以更为积极的姿态努力维系和促进城市公共安全，并以此带动全社会对公共安全问题的重视和投入。先行者角色的具体内容包括：城市公共安全治理体系的设计和组织工作，如确定体系目标、体系结构。体系的基本运作方式；城市公共安全体系的建设和引导工作，如培育体系成员、提供支持条件；城市公共安全理念的宣传教育工作；城市公共安全管理技术的研究与开发工作等。

2. 城市公共安全治理的指导者。城市公共安全是复杂因素相互作用的结果，对那些可控因素的协调与控制是保证公共安全的重中之重，而相关安全政策的指定是基本手段。政府应该通过制定科学、健全、具体的公共安全政策为其他体系成员指出明确的行动指南，并通过命令、沟通、说服等方式保证政策的实施。

3. 城市公共安全治理的沟通者。信息的获取、传递与应用是现实城市公共安全的关键，它能否实现取决于治理体系中是否存在一个有效的沟通平台和中心性沟通主体。政府在信息资源方面的优势，决定了他充当沟通者角色的条件和责任。沟通者角色的具体内容包括：建立有效的信息截取机制和发布机制；利用现代信息技术搭建高效的公共安全信息平台；有针对性地引导信息的传播等。

4. 城市公共安全治理的激励者。政府应充分调动其他体系成员致力于城市公共安全目标行动的积极性、主动性和创造性，具体工作包括：科学识别针对各类体系成员的各种激励因素；建立城市公共安全贡献的奖励制度；严格执行公共安全事件的责任制度和惩罚机制等。

问题五　如何让城市更有温度
——体验智慧民生

一、智慧交通

【小贴士】

大城市的困扰

小王是一个从大山里考出来，用知识改变命运的年轻人。如今他已是北京的高级白领，已经在这个城市买房安了家，算是在大城市扎根的典型的"新北京人"的代表。但是每天上下班的交通状况属实让他焦头烂额。平时上班开车要两个小时路程，限号的日子是公交、地铁不断换乘，兜兜转转每天早上都是大费周折的到单位，晚上八九点钟回到家，每天在路上的时间平均都在4个多小时。并且小王要经常去周边业务洽谈，被堵在高速收费口也是常事。

"智能交通手机APP"的出现，小王终于免去了上下班的这些苦恼。"智能交通手机APP"为市民提供公交到站信息查询、公交线路出行规划等服务，同时满足政府的集中监管、公交企业进行智能调度和视频监控的需求。除了坐公交，开车的车主也能享受到出行的便利。在高速路口设立了先进的远距离电子标签感应和图像识别技术，可实现车辆进出时自动扣费、自动开闸功能，方便车主快速通行。

这样一来，小王每天只要选择不同的出行工具，app 就会推送出不同的出行方案：用时最短的、距离最近的、道路最畅通的等不一而足，小王再也不用苦于出行难了。

随着城市化的发展，我们的生活越来越便利，但伴随而来的问题也越来越严重，行车难、停车乱以及交通秩序混乱等问题日益凸显，交通阻塞、交通事故频繁、大气遭到污染日益严重。交通问题已经给城市社会经济发展带来了严重影响。现代交通的不完善，要求我们创建一种更加智慧的交通管理方式。

（一）我国城市交通存在的问题

1. 交通阻塞。相对于道路网的承载力来说，汽车数量过多诱发了交通阻塞问题。从某种程度上来说，交通阻塞是汽车社会的产物。在人们上下班的高峰期，交通阻塞现象尤为明显，在很多大城市的中心区，高峰期交通速度仅有一小时 16km。交通阻塞导致时间和能源的严重浪费，影响城市经济的效率。大城市圈内的汽车道路还在继续建设，汽车数量也进一步增加，道路的建设和汽车的增加有可能形成恶性循环，导致更为严重的交通阻塞。

2. 交通事故。交通事故是许多大城市存在的日趋严重的问题。据公安部统计，中国死于交通事故的人数近几年来的平均值一直保持在 10 万人左右。冰冷的数字背后有无数家庭承受着亲人离别的悲伤和伤残带来的巨大痛苦。道路交通安全事故已成为一个不得不正视的突出问题。

3. 公共交通问题。公共交通问题主要表现在：由于对公共交通投资不足，致使峰值时段人们对公共交通的需求大于供给，造成交通拥挤；由于对公共交通的需求波动大，高峰时段过于拥挤，而非高峰时段利用又不充分，收入锐减。高峰时段和非高峰时段的公共交通是一对难以解决的矛盾。如果增加投资来满足高峰时段人们对公共交通的需求，那么，在非高峰时段，这些公共交通设施大部分将处于闲置状态，造成浪费。

4. 停车问题。汽车并非总处于运动之中，当它们处于静止状态时，就要占据一定空间。汽车越多，占据的空间越大。在城市中心区，人多车多空间少，停车场与汽车数量很不相称，停车也最困难。近10多年来，尽管我国在市区建了许多多层停车场，但仍满足不了停车需求。很多城市颁布了法令，限制在市中心区停车，以控制进入市中心区汽车的数量。有一些城市制定了"停车与乘车"计划，在市中心区外围建若干处停车场，汽车司机只能将车停在这些车场内，然后乘公共汽车进入市中心区，但这些措施并没有彻底解决停车问题。

（二）智慧交通概述

智慧交通使用先进的科技手段向道路使用者提供必要的信息和便捷的服务，改善交通负荷和环境污染、保证交通安全、提高运输效率，从而提升道路的通行能力，实现人、车、路密切配合、和谐统一。通过智慧交通系统，不仅可以提高运营率，减少事故率，并带来减少能源消耗、降低大气污染的社会效益，而且可促进智慧化交通电子设备的开发，形成一个新型的交电产业，带来巨大的经济利益。

智慧交通系统（Intelligent Transportation System，ITS）是目前世界上交通科学技术的前沿，是利用先进的电子技术、信息技术、传感器技术、物联网技术和系统工程技术对传统的交通系统进行改造而形成的一种信息化、智能化、社会化的新型交通系统，可在同等条件下大大改善交通状况。交通智能化被国际公认为信息时代交通运输业的一场变革，是 21 世纪经济技术的制高点之一和最大规模的产业之一。

具体来说，智慧交通可从以下三方面实现智慧化的理念及管理效果。

（1）交通信息网络的完善。这是整个智慧交通网络建设的基础，可以通过在城市主要区域和道路、路口、桥梁等部位安装信息采集及网络传输装备，构建动态化、全面覆盖的交通信息网络，为交通管理及应用实时提供准确、可视化的交通信息。

（2）城市动态车辆的智慧化管理与服务，这是城市交通最重要的任务之一，可以通过建设高度智能化、一体化的交通管理系统，以及相配套的交通管理子系统，如智能交通监控与管理系统、智能停车与诱导系统、智能公交系统、电子停车收费系统、应急处理系统、综合信息平台与服务系统等，实现动态交通系统的智能、安全管理，以及交通车辆的自我合理流动等。

（3）城市静态车辆的智慧化管理与服务。从规划、建设、经营、管理等方面加强停车问题的管理与服务，通过资源整合以及信息网络的构建，实现静态车辆的高效管理及人性化服务。

（三）智慧交通的作用

1. 建设智慧交通系统的社会效益。

（1）改善环境，节约能源。智慧交通使交通出行对能源的整体需求减少，为社会节约大量的能源，进而减少对污染治理所需要的费用。交通噪声是城市噪声的主要来源，实施 ITS 后，可减少车辆的速度变化频率和停车次数，进而降低交通造成的噪声污染。交通智能化可使现有道路的实际通行能力得到充分发挥，路网的利用率提高，相对减少路网规划中新建、扩建的道路数量，从而节省修建道路所占用的土地资源。

（2）提高交通管理服务水平和服务质量。ITS的实施会促进交通管理体制的改革和交通管理的法制建设；改善、加强交通管理的服务意识，提高交通管理现代化水平，促进交通管理从单纯被动管理向主动管理服务型转变；通过运用各种先进技术解决交通问题，相应提高交通管理人员的素质。

（3）促进科学技术进步。智能运输系统是现代高新技术在交通领域的集成和应用，不仅交通领域的现代化水平不断提高，同时也要求相关产业为ITS提供更先进的技术、产品和更高水平的服务，从而促进相关产业进而改善产业结构，推动全社会的科技进步。

（4）改善产业结构。智能运输系统的建设将会造就一个新兴产业——交通信息产业，并带动传统交通产业以及信息、通信、计算机、电子等高新技术产业的蓬勃发展。由此提升高新技术产业在城市整体产业结构中所占的比例，改善城市的产业结构布局，促使城市的产业结构向高科技、低能耗、重环保的技术密集型转变，为城市经济实现可持续发展提供一个契机。

2. 建设智慧交通系统的经济效益。

（1）直接经济效益。具体表现为低行车成本，提高运输的劳动生产率，减少出行时间，降低交通事故率，延长车辆使用寿命，减少能源使用等。实施ITS还可以大幅度提高公共交通的服务水平和运行效率，使人们出行更愿意选择公共交通。

（2）间接经济效益。ITS作为一个新兴的产业，以汽车制造、通信、信息、计算机等相关产业为依托，ITS的发展也离不开相关产业的参与。一方面，智能运输系统的建设可带动相关产业的发展，ITS为其带来可观的经济效益。同时，智能运输系统会改善周边地区的交通环境，进而带动该地区经济的全面发展。另一方面，

ITS 的实施，带来了路网服务水平的改善、出行效率的提高，由此给各行各业带来的经济效益更是无法估量的。

（四）智慧交通的特征

智慧交通是以互联网、物联网等网络组合为基础，以智慧路网、智慧装备、智慧出行、智慧管理为重要内容的交通发展新模式，具有信息联通、实时监控、管理协同、人物合一的基本特征。智慧交通的特点包括：便捷，通过信息控制手段为用户提供最优的驾驶路线和便捷的收费服务；安全，通过信息手段反馈路况并提醒司机，从而减少交通事故，增强交通安全；高效，对基本路况的交通数据进行分析，促使交通流量最大化；环保。通过提高车辆运行效率来降低尾气排放，提高城市空气质量。

（五）智慧交通的发展趋势

1. 智慧交通绿色化和系统化。交通的发展涉及交通运输的各个环节和要素，包括人、车、交通基础设施、交通管理、交通组织等。一方面，作为大型的综合系统工程，智慧交通从单一化向综合化演变；从最早期的注重绿色交通工具的使用，逐渐向构建绿色可持续发展的绿色交通体系转变，它综合运用计算机、感知技术，将互联网应用到交通体系当中，推广一体化的综合交通体系，实现智慧交通管理、绿色交通工具的综合使用，强调城市结构的优化。因此，绿色智慧综合交通系统是交通发展的新趋势和新动向，作为一个巨大的系统工程，绿色智慧综合交通系统可以帮助一个城市或者一个区域实现无缝链接和整体畅通。另一方面，从系统化角度出发，智慧交通的绿色化和系统化是一个问题，我们需要采用系统化的理念和方法进行统一的规划和建设，这既要涉及基础建设和技术建设，又要涉及政策和标准。

2. 交通系统标准化。智慧交通涉及先进的电子技术、信息技术、通信技术和交通运输管理技术，是多种技术相互融合的综合系统，其最基本的特征是集成性。集成性系统的重要工作和基础是标准化，在智慧交通系统的建设过程中，标准化经常被忽略。随着系统的集成性不断增强，标准化越来越受重视。国际标准化组织于1993年建立了智慧交通的标准化组织，敦促世界各国在建设智慧交通的过程中重视标准化的重要作用，将标准化工作纳入智慧交通建设，以建成有效的智慧交通系统。

3. 交通流量最大化。依托物联网技术，利用嵌入道路中的传感器可以监控交通流量，利用车上安装的传感器监控车辆状态，并将其移动的信息通过互联网、通信网传送到交通网。建立在云计算、互联网等先进信息技术和电子技术基础上的整合的无线及有线通信，可以对交通状况进行有效计算和预测，以帮助城市规划者实现交通流量最大化。

4. 综合运输智能化。目前，世界的发展主流是道路运输的智能化，综合运输的智能化是解决交通问题的根本方法。智能化的交通基础设施可以更加智慧化地优化交通网络流量，并改善用户总体体验。多式联运智能化于20世纪90年代中期开始引起西方国家和地区尤其是美国、欧盟等的高度关注，它们相继采取了一系列的措施来推进多式联运智能化的建设，包括欧盟的综合智能交通系统、美国的多式联运智能化有效途径、日本的通勤公共运输等。综合运输智能化不仅是智慧交通的发展方向，而且是解决交通问题的根本途径。

5. 顶层设计重点化。智慧交通需要从国家层面、区域层面和城市层面进行顶层总体框架设计，以理顺关系，明确任务分工，对智慧交通从整体上进行把握，有针对性地建设智慧交通。智慧交通是智慧城市建设的重要组成部分，对智慧交通进行顶层设计是关键的一步，对智慧交通的要求和相互关系描述，既要横向考虑智慧交通的互联性和共享制约性，又要纵向规范智慧交通建设。从顶层设计层面看，绿色化应纳入智慧交通的顶层设计中。

6. 信息服务模型化。智慧交通的最终目的是为人们提供便捷的交通服务，全方位为人、车、路服务。在智慧交通系统中，服务的用户种类多种多样，他们的信息需求千差万别，信息的实时需求和历史需求并存，通用信息和个性化定制信息并存，信息的精度不同，信息的质量要求也不同，信息需求在时间和空间上分布不均匀，同时，信息的安全性也很重要。因此，信息服务应该模型化，综合考虑多种多样的因素，既要包括信息的标准化，又要运用信息的处理方式（信息融合、仿真、语义化、数据挖掘、预测、知识发现等）和信息模型方法（生物进化论、神经网络、遗传算法等）。由于智慧交通中数据的信息量较大且信息分散存储，智慧交通需要解决信息的分布式组织、透明查询以及信息检索等问题。另外，智慧交通还应借鉴信息的生命特性，研究信息组织中信息的转移和淘汰等问题。

二、智慧医疗

健康是促进人的全面发展的必然要求。近些年来，我国医院医疗设备、人才队伍、技术水平、环境都有了很大发展，疑难病不断被攻克，医疗条件不断改善，然而百姓仍难以承受医院昂贵的医疗费用。

"看病难"的问题依然困扰着我们。为了一点小毛病，你可能等上几天才能排上队；看病过程中，也许你要经历大大小小数次的检查；甚至还可能需要转院，接下来又是重复的检查；等到医生为你开出了处方，药房配药师的提问又令我们抓耳挠腮；一方面大医院人满为患、一号难求；另一方面社区医院资源闲置。虽然在国家一系列的医改政策实施后，看病难、看病贵的问题得到了一定程度的缓解，但依然没有得到根本性的改变。

（一）我国医疗行业存在的问题

医疗行业作为事关民生的重要行业，在这些年的发展过程中主要存在以下几个方面的问题。

1. 医疗资源有限。大型医院作为整个社会比较稀缺的资源，拥有齐全的门诊科室和先进的医疗设备，并集中了全行业技术水平最高的从业人员，相比于中小医院略显杂乱的就诊过程，大型医院更为规范化，患者的体验也更为舒适。然而，大型医院一般仅设置在城市的人口密集区域，并且数量较少，对于其他区域或者更远区域的患者来说，到大医院就诊是一件非常困难的事情。

2. 医患关系紧张。部分医生过度诊断、过度治疗，甚至造成医疗事故，导致患者关系非常紧张。这都是由于行业的信息化水平有限，缺乏信息化的系统对诊断过程进行电子化处理，对诊断过程中形成的结果不能很好地进行存档，无法提供事后取证的证据。

3. 未能对药品等资源进行有效监督。患者和行业监管机构缺乏一个对药品和器械进行跟踪和溯源追查的管理系统。患者不能对自己使用的药品和器械进行跟踪查询，不知道自己是否购买了高价药品或者过期药品，也不知道自己使用过的一次性器械是否会在回收后继续流向市场。

4. 未能有效建立网上医疗系统。目前，网上医疗只能实现简单的问询、保健咨询等服务，或者变相为药品、器械等广告和购买服务。离网上诊断、网上医疗还有较大差距。有限的医疗资源无法得到最大利用，广大疾病患者不能享受到快速、准确、高质量的专家诊断服务。

（二）智慧医疗概述

随着物联网、云计算、移动互联网、大数据等新一代信息技术的发展，医疗卫生行业信息化开始步入新的发展阶段——智慧医疗。智慧医疗是指通过应用新一代信息技术来提高医疗卫生管理和服务的智能化水平。

智慧医疗是智能医疗创新发展的结果，即可通过打造利用物联网、大数据、视联网、无线网等多网融合技术，建立县、市、省分层分级医疗综合信息集成平台，实现病人与医务人员、医务人员之间、多级之间各类信息（包括医院多类视频信息）的互联互通、互相查看影像资料，实现远程医疗诊断、手术示教、视频会议等。

（三）智慧医疗的特征

与传统医疗卫生行业信息化相比，智慧医疗具有以下一些特点。

1. 以患者为中心。在以前医疗卫生行业信息化建设是以部门为中心的，即以各级卫生主管部门、各类医院为中心。患者的医疗信息分散在不同的医院，没有进行有效地整合，无法提供个性化的医疗卫生服务。而在智慧医疗中，医疗卫生行业信息化建设是以患者为中心的。通过电子病历建立患者医疗健康档案，不同医院之间可以共享患者信息。

2. 远程化。在以前，无论疾病类型、症状轻重程度，患者都必须亲自到医院就诊。而在智慧医疗时代，有些患者不必到医院就诊，而是采用电子设备（如电子血压计）探测血压、心率等，并发送到健康服务中心，再由专业医生进行分析，把诊断结果和治疗方案反馈给患者；患者付费后由物流企业把药品配送给患者。对于医疗卫生条件落后的偏远地区，通过远程医疗系统，也可以享受到大城市的一流医疗服务。

3. 自动化和智能化。在以前，许多化验、诊断等工作都需要医生来完成。在智慧医疗时代，随着医疗分析仪器设备的发展，许多化验、诊断等工作可以自动完成，医疗分析仪器设备会自动生成并打印出化验报告、诊断报告、植入患者的芯片会监测患者生理机能的各项参数，当参数超过一定阈值就自动给予安全警示。

（四）智慧医疗的作用

通过这一信息平台的建立，医院在共享市民临床诊断信息和其他健康资源的同时，可以使其专业优势和核心竞争力真正释放出来；可以帮助医生更全面地掌握病人状况，不仅仅是会诊时病人的情况，而是看到这个病人整个生命周期历史，做出更准确的判断。获得授权的医生可以随时翻查病人的病历、患病史、治疗措施和保险明细，做出准确的诊断和恰当的治疗方案；对于一些疑难杂症，主治医生可以通过搜索、分析、引用大量病例和科学证据来支持他们的诊断，甚至可以利用视频和电子技术的支持进行网上专家的远程联合诊断和接受培训，丰富相关知识和过程处理能力，推动临床创新和有关理论治疗方法的研究。特别是患者信息及其治疗方案、治疗效果等信息经过健康电子数据中心的收集，可以存储到患者的电子医疗档案并提供分类搜索连接，一方面有助于医疗机构实时感知、处理、分析、监控重大的医疗事件，从而快速、有效地做出响应；另一方面，所有授权的医院和医生可以通过对患者病历和治疗信息数据的精确、快速访问，提高诊断的效率和质量，推进相关研究。相应的，对于市民来说，再也不用深受"看病难，看病贵"的困扰。有了信息对接平台，各医院都能够有效诊断患者病情，制定相应方案，人们再也不需要追求大医院，节省了排队挂号的时间；患者也可以根据需要了解自己的病情和治疗情况，自主选择更换医生或医院。

（五）智慧医疗的发展趋势

1. 新一代信息技术在智慧医疗中的应用。

（1）物联网技术。物联网技术在远程医疗、远程护理等方面有广阔的应用前景。例如，在患者身体植入生物芯片，芯片通过物联网把患者生理机能的各项参数发送到医院健康服务中心，由医生进行远程诊断。当患者生理参数出现异常时，即可通知患者来医院就医；当患者出现生命危险的情况时，即可通知急救中心派出急救车。

（2）云计算技术。经过前些年的信息化建设，卫生部拥有多个信息系统。这些系统可以移植到云计算平台，以方便互联互通和运行维护。云计算技术可以应用于区域医疗卫生信息平台建设，为当地居民提供综合的医疗卫生信息服务。对于中小医疗卫生机构来说，通过购买云计算运营商提供的云服务，就无须自行购买或开发软件，而只需支付一定的服务费。

（3）移动互联网技术。利用移动互联网技术，可以使医疗卫生行业信息化从电子卫生（E - Health）发展移动卫生（M - Health），使人们可以随时随地获取医疗卫生、健康养生、疾病预防等方面的信息和知识，从而提高国民的卫生素养。患者可以通过手机进行预约挂号，减少排队等候时间。卫生主管部门可以把疫情预警信息通过手机发给当地居民，以便及时做好防范准备。

（4）大数据技术。经过前些年的信息化建设，卫生部门和医院积累了大量数据。采用大数据技术，对这些数据进行挖掘，发现其中一些规律和问题，可以改进卫生部门的政策措施，提高医院的医疗服务水平。例如，美国西雅图儿童医院使用 Tableau 数据可视化软件帮助医护人员减少医疗事故，为医院节省 300 多万美元的成本。

2. 智慧医疗卫生应用系统如表 5 – 1 所示。

表 5 – 1   智慧医疗卫生应用系统

突发医疗卫生事件报告监测系统	医疗卫生资源综合管理系统	卫生防病信息系统	卫生监督执法信息系统	医疗卫生救治信息系统	突发医疗卫生事件应急指挥调度信息系统	妇幼保健信息系统	卫生统计信息系统	网上审批系统	实名就诊卡系统	社区卫生服务信息系统	新型农村合作医疗信息系统	医院信息系统	公众健康宣传服务系统

3. 从智慧医疗到智慧医院。

（1）未来医学将向数据科学发展。今天，药物的研发需要比医学使用更多的数据，医学正逐渐发展成为一门数据密集型科学。在生物信息学和计算生物学中，我们不仅要面对大量的、高度复杂、多维度、多变量、弱结构、充满噪声数据和无效数据的异质的、多种多样的数据集，还要满足综合分析和建模的需求。由于 P4 医学理念的流行，越来越多的大型复杂数据集，特别是基因组数据开始被用于医学研究。其中，基因组数据包括基因组学、表观基因组学、宏基因组学、蛋白质组学、代谢组学、脂质组学、转录组学、表观遗传学、微观生物组学、代谢流量组学、表型组学等。

第一，智慧医院规划应充分体现智慧医院在信息化业务应用系统和建筑智能化系统上的信息化、网络化、数字化、自动化、智能化技术应用和实现功能的特点。智慧医院信息化系统设计的重点是：云服务平台（包括云计算、云数据、云服务）、综合医院信息系统（IHIS）、电子病历（EMR）系统、医学影像存储传输系统（PACS）；智慧医院建筑智能化系统设计的重点是：物业及设施管理信息系统（PMIS）、智能化系统物联网、"一卡通"管理系统、访客管理及对讲呼叫系统、建筑综合节能管理系统等。

第二，智慧医院规划应体现通过智能化系统物联网，实现医学影像及各专业医疗设备间的信息互联互通和数据共享交换以及远程操控。尤其是对智慧医院建设所采用的诸多新技术应用的医疗设备系统，应实现 HIS 与其接口的无缝衔接和信息集成。

第三，智慧医院规划应遵循"按需集成"的原则，在采用物联网和自动化控制技术及设备的前提下，从智慧医院安全性、舒适性、便捷性和节能管理的实际应用角度出发，体现建筑综合信息集成系统的技术应用和实现功能。

第四，智慧医院规划应使智慧医院物业及设施管理在综合信息集成系统的支撑下，体现设施管理与综合节能管理、智能电力管理之间的节能关系和实现节能的方案与措施。在智慧医院综合安全管理方面，要重点设计医院安全管理与应急指挥调度之间的协同关系和联动功能，以及医院访客管理及可视对讲呼叫系统设计的方案和实现功能。医院建筑物业及设施管理方案应充分体现医院管理及服务与智能化系统功能的融合。实现医院常态管理和服务的科学化、集约化与可持续发展。

第五，智慧医院规划应考虑智慧医院建筑与医疗业务服务的特点，分别具有不同的使用功能，应体现"一个平台和多个管理中心"的管理布局，适应智慧医院建筑物业及设施管理和医疗专业服务的需要。

（2）智慧医院信息化与智能化系统组成如表 5 – 2 所示。

表 5－2　　　　　　智慧医院信息化与智能化系统组成

智慧医院信息化系统组成	（1）智慧医院云服务平台	①云计算：计算机服务器、存储设备集群与共享 ②云数据：数据仓库、数据资源管理、数据共享交换 ③云服务：统一认证、电子签名、数据分析、可视化展现、安全管理等
	（2）综合医院信息系统（IHIS）	①医疗业务内部门户②公众服务外部门户
	（3）临床信息系统（CIS）	①门诊护士工作站②住院医生工作站③住院护士工作站
	（4）电子病历（EMR）系统	①用户授权与登录管理②诊疗记录管理③检查检验报告管理④病历展现⑤临床知识库⑥系统扩展接口
	（5）医学影像存储传输系统（PACS）	①RIS报告管理②LIS报告管理等
	（6）远程视频医疗会诊系统	
	（7）医疗就诊卡管理系统	
	（8）医院业务管理系统	①药品管理②住院管理③重症病人管理等
	（9）医院行政管理系统	①人事管理②后勤管理③资产管理④绩效管理⑤业务培训等
	（10）医院财务管理系统	①收费管理②社保医保结算等
	（11）医疗办公自动化系统	
	（12）辅助决策系统（与HIS集成）	①门诊信息②住院信息③医保总量控制④医疗分析⑤药品分析

(六) 智慧医疗的典型应用

1. "一站式"就诊服务。国内已兴起的智慧医院项目普遍具备以下功能：智能分诊、手机挂号、门诊叫号查询、取报告单、化验单解读、在线医生咨询、医院医生查询、医院周边商户查询、医院地理位置导航、院内科室导航、疾病查询、药物使用、急救流程指导、健康资讯播报等。实现就医问诊治疗的"一站式"信息服务。真正落实智慧医院要具体到医院、具体科室、具体医生，将患者与医生点对点的对接起来，但绝不等于网络平台上跳过医院这个单位，直接将患者与医生连在一起。

2. 个人健康档案管理服务。目前患者如果想了解自己的就医记录，只能翻阅已有的纸质的病历，如果病历本丢失，根本无从查证。移动医疗的出现让每一个患者都可以通过手机应用查看个人的就医详细记录。不仅可以及时自查健康状况，还可通过 24 小时在线医生进行咨询，提高了患者的自查率，减少了优质医用资源的浪费。

3. 紧急医疗事故系统。大多数现有的紧急医疗事故系统主要应用领域是摔倒和充血性心脏病衰竭。30％ 的 65 岁以上人群和 50％ 的 80 岁以上人群每年至少摔倒一次。在约 1/4 的摔倒案例中，患者遭受严重伤害，移动能力和独立能力遭受持久影响。鉴于许多摔倒事故都是人们独自在家时发生的，多个项目开始研发可移动的紧急医疗事故系统，确保使用者可以在紧急状态下拨打求助电话。虽然可移动的解决方案看上去很有吸引力，但经验证据表明患者经常不穿戴这些设备，或者当事故发生时，他们无法操作这些设备。现在多个研究项目开始设计压力敏感性地板元件，期望在没有穿戴设备的情况下通过压力敏感性地板检测出摔倒事故。早期的系统设计将压力敏感性地板铺设在住房的特定区域，现在的做法是用地板覆盖整个住房，从而确保细微地点的检测。

4. 监测慢性病患者系统。相较于传统治疗理念，智慧治疗慢性疾病不仅会提升患者的生活质量，而且可以带来明显的经济收益。因此，各式各样的智慧医疗服务被研发并用于治疗慢性疾病。例如，K lack 等为终末期心力衰竭患者设计了一套辅助性居家监测系统，它将各种生物传感器收集的医疗数据融入患者的物理环境中。该系统的主要目标群体是体内植入了机械循环支持设备的患者，这些设备包括心室辅助器和人工心脏，该系统以简易而不引人注意的方式实现了对重要器官参数的长时期监测。一台红外摄像机安装在一个半透明的交互式显示屏背后，重量传感器安装在整个地板下方，血压和血凝监测设备安装在沙发旁边的咖啡桌内。

5. 综合医疗环境系统。近些年来，多个综合医疗环境系统被设计出来，这些系统将多种智慧医疗服务成功地融合在一起。例如，德国亚琛工业大学的 RWTH 实验室建造了一个智能医疗基础设施。该基础设施由多个可移动的综合设备组成，可以在技术增强型的居家环境中支持老年人的活动。RWTH 实验室通过观察不同目标试用人群在现实环境中的使用情况，实现了对新的照顾理念和医疗技术的现场评估。RWTH 实验室依靠可以拓展的技术产品、系统和功能的模块化技术概念，解决了认知不同、健康需求不同和文化需求不同的人群或个体的问题。

三、智慧教育

【小贴士】

家长再也不用担心孩子的学习了

望子成龙、望女成凤是天下父母共同的心愿，但随着孩子的学习压力不断增加，家长们也只能眼巴巴看着，干着急使不上劲儿，很多家长感慨道：课堂上不知道孩子吸收得怎么样、课后自己又辅导不了、现在的知识点都太难了、出去补课辅导费用又太高、孩子起早贪黑学习补课又有些心疼……

"云课堂"的出现，解决了老师、学生和家长们的难题。课前，教师可以通过备课平台进行在线的高校备课、教件设计以及发放预习等。课中，教师可以通过手中的教师 iPad 与学生手上的学生 iPad 实现一个互动多媒体式的教学模式，老师推送一道测试题，学生在 iPad 上完成之后推送给教师，就能够了解每个学生的答题情况，告别了黑板板书和人工批阅试卷的低效模式。

课后，还为家长提供了一个通道，方便家长和教师之间可以进行无缝沟通，实时了解学生的考试状况和作业状况等。为了学生的课外拓展，还提供了海量的音视频资源，方便他们在自己的客户端上自由的下载知识点和习题，更好的复习巩固，大大提高了学习效率。

教育是民族振兴和社会进步的基石。以教育信息化带动教育现代化，破解制约我国教育发展的难题，促进教育的创新与变革，是加快从教育大国向教育强国转变的必然要求。在科教兴国战略的指引下，中国教育事业取得了长足的发展。

（一）传统教育存在的问题

我国的现代化教育规模稳居世界前列。然而，中国的教育事业却远没有达到国际先进水平。中国教育事业存在如下问题。

1. 灌输式教育。枯燥呆板、"填鸭式"、被动式的学习令学生讨厌读书。让学生对学习感兴趣，热爱学习是中国教育首先要解决的问题。

2. 应用教育向素质教育的转变。缺乏高质量的教育平台和教育资源，办学体系应逐步向多元化的教育模式转变。

3. 教学条件不平衡，接受教育的机会不公平。教育存在不公平现象，城市与农村教育资源严重失衡。

4. 传统教育向数字化教育的转变。当前教育体系下存在的上述问题，导致现有教育体制面临严峻的挑战。因此，中国教育要向两个方向发展：由应试教育向素质教育发展，传统教育向数字化教育发展。

（二）智慧教育的内涵

随着物联网、云计算、移动互联网等新一代信息技术的飞速发展，教育信息化开始步入智慧教育时代。智慧教育是指通过应用新一代信息技术，促进优质教育信息资源共享，提高教育质量和教育水平。简单地说，智慧教育就是指教育行业的智慧化，是教育信息化发展的高级阶段。智慧教育是互联网与教育深度融合的结果，主要利用先进的信息化手段。包括互联网、大数据、物联网、云计算等在内的工具在教育领域全面开发利用教育资源，促进了教育技术的创新、知识的分享以及创新成果的贡献，旨在提高教育、教学的质量和效益，推动教育改革与发展的历史进程。智慧教育，主要是指依托计算机和教育网络，全面深入利用物联网、云计算、大数据等新兴的信息技术，以建设教育信息化基础设施为重点，开发利用教育资源，促进知识创新与技术创新，实现创新成果的共享，提高教育、教学质量和效益，全面构建网络化、数字化、个性化、智能化、国际化的线性教育体系，深入推进数字校园、科技校园以及书香校园的建设，推动教育改革与历史发展的进程。

（三）智慧教育概述

智慧教育是以云概念为基础，以传感网为支撑，构建一个基础教育的智能化校园管理平台，以优质教育资源共建共享和应用、资源整合为中心，融入到教学、学习、管理等工作领域，最终实现教育公平、提高教育质量目标，推动教育教学改革的发展。

智慧教育的目的是实现教育变革，培养现代化高素质的创新人才。它不仅是信息技术与信息机器在教育领域的引入过程，而且是教育理念与教育模式的转变。

智慧教育的内容主要包括教育信息网络建设、教育信息资源开发、教育信息技术应用、教育信息产业化、教育信息人才培养以及教育信息规章制度建设六个方面。

教育信息网络建设是实现智慧教育的第一步，也是智慧教育最关键的基础性内容。目前，我国在建设教育信息网络方面投入了大量的人力、物力和财力。例如，中国教育与科研网、中国教育卫星宽带网、高校数字校园工程，以及学校的多媒体教室、普通电教室、计算机网络中心、语言实验室、电子阅览室等，都为我国的教育信息化奠定了坚实的物质基础，也为信息化教育的实施创造了有利的条件。

教育信息资源开发是教育信息化的核心，也是其主要目的。资源开发的有效程度关系到教育信息化建设的成败。教育信息资源主要包括以教育信息承载体为核心和以教育基础数据管理为核心的教育管理信息资源两大类。教育软件资源主要指各种课件、网络课程、多媒体素材、图书情报信息资源等。教育管理信息资源涉及以教育者、教育内容、教育对象以及教育资源为主的各类数据库资源。

教育信息技术应用是教育信息化的直接目的。在教育网络基础设施以及教育资源开发的基础上，信息技术成为智慧教育的关键和主体，也是体现智慧教育效益的关键所在。教育模式可以通过信息技术发生转变，从而产生全新的教育模式，将传统教育转变为信息化教育，从而满足社会需求。再信息技术方面，教育信息技术应用主要推荐信息技术与教育教学的整合，鼓励在学科教育中广泛地应用信息技术手段。

（四）智慧教育特征

智慧教育既具有"技术"的属性，同时也具有"教育"的属性。

从技术属性看，智慧教育的基本特征是数字化、网络化、智能化和多媒体化。数字化使得教育信息技术系统的设备简单、性能可靠和标准统一；网络化使得信息资源可共享、活动时空少限制、人际合作易实现；智能化使得系统能够做到教学行为人性化、人机通信自然化、繁杂任务代理化；多媒体化使得信息媒体设备一体化、信息表征多元化、复杂现象虚拟化。

从教育属性看，智慧教育的基本特征是开放性、共享性、交互性与协作性。开放性打破了以学校教育为中心的教育体系，使得教育社会化、终生化、自主化；共享性是信息化的本质特征，它使得大量丰富的教育资源能为全体学习者共享，且取之不尽、用之不竭；交互性能实现人机之间的双向沟通和人与人之间的远距离交互学习，促进教师与学生、学生与学生、学生与其他人之间的多向交流；协作性为教育者提供了更多的人与人、人与机协作完成任务的机会。

此外，与传统教育信息化相比，智慧教育还有以下特点：集成化、自由化、体验化、信息化、共享化、个性化。

1. 集成化。老师在课堂教学过程中，可以集成多种信息资源，使用多种课件和教学软件，使课堂教学更加生动有趣。例如，在数学教学过程中，当讲到某个定理时，可以即时显示发现该定理的数学家的一些情况；在物理教学过程中，可以用些物理教学软件模拟物理实验过程；在化学教学过程中，可以用一些化学教学软件模拟化学反应过程。

2. 自由化。在智慧的时代，学生和普通大众通过移动互联网，可以利用移动智能终端随时随地、随心所欲地学习。课本不再是纸质的，而是电子书。学生沉重的书包将被电子书包代替。学习场所不再局限于课堂，学习内容不再受老师讲授内容的限制。这样，终身教育体系才能真正实现。此外，通过采用智能化技术，使 e-Learning 转变为 i-Learning 系统可以根据学生的学习兴趣、学习能力、学习时间等不同制定不同的学习计划，生成个性化的学习资料。

3. 体验化。随着虚拟现实技术和 3D 技术的发展，可用计算机生成一个虚拟现实的学习环境，使学生更直观地理解教学内容。例如，当教授讲到北京故宫博物院时，可以让学生通过北京故宫博物院虚拟旅游软件做一次模拟的旅行，增加学生对其的直观感受，当讲授到某物理或化学定理时，可以让学生做模拟实验，既可以避免有些实验的危险性，又可以减少实验成本；当讲授人文知识时，可以让学生做一次虚拟的星空旅行，观察一些宇宙现象。

4. 信息化。随着信息技术的发展，传统的教育越来越重视信息内容。在基础设施建设上，学校将普及信息技术教育放在重点位置，全面实施"校校通"工程，保证大部分的中小学校达到互联网或者中国教育卫星宽带网状态，这使得所有的学生能够共享网上的教育资源，从而近一步提高学校的教育、教学质量。学校通过教育信息化带动教育现代化，促进教育模式转型，实现教育跨越式发展。

5. 共享化。在信息技术的支撑下，教育资源由传统的互相孤立状态逐渐向资源共享状态转变。首先，优质学校可以通过网络平台进行集中，衔接东、西部的教育资源。其次，资源共享平台的搭建，实现了视频课件、优质教学资源等的共享。名校、名企、名师和各大媒体依托网络计算技术，通过对于微课程、翻转教学、校本研训一体化等热门专题的研讨，通过对联盟平台的交流和互动功能，促进中小学教育信息化程度和教师课件制作能力的提高。通过对名校优质课程的推广，丰富各个地区中小学的课程内容，促进青少年的健康成长和全面发展。

6. 个性化。以多媒体、校园网络为代表的信息技术的运用促进了教育由传统的僵硬化、统一化向个性化发展，教育个性化就是保证教育个体（学校、教师、学生）发展效果的最大化，这是教育发展的目标。教学系统中信息的综合处理为教师驾驭班级模式下的个性化教学提供了最有利的保证，教学系统足以代替老师处理重复的、机械的、繁琐的劳动。这样，由于教学系统提供信息化手段，教师可以集中精力和时间对学生存在的共性问题进行共同处理，对个性化问题进行个别处理，以求每个学生在自己的能力和基础上取得发展效果最大化，教育个性化是教育发展的目标和任务。移动互联、云计算、超移动终端技术的成熟、普及和应用，必将加速教育信息化的进程，以建立健全教育系统肌体的"感觉器官、神经系统和大脑"，从而实现教育个性化。

（五）智慧教育的典型应用

1. 智慧校园。首先要加强教育信息基础设施的建设。信息基础对教育的发展具有重要的影响。在智慧教育的创建过程中，我们应充分利用优质资源和先进技术，整合现有资源，加快终端设施普及，推进数字化校园建设——智慧校园。

智慧校园以物联网、云计算为核心，凸显校园信息的智能化采集与传递、智能化处理与控制、智能化显示与推送，使学校各部门、各子系统信息融合、互联互通，有效解决了校园管理中的信息更新滞后、人力资源不足，信息孤岛和重复投入造成的设备冗余等问题，达到校园管理中绿色节能、科学决策、及时管控、服务便捷的管理目标。第一，能够实现校园信息快速精准发布。数字标牌不仅可以发布学校对内对外的通知及公告，如演讲、研讨会或各项社团活动的宣传、入学升学情况，而且可以支持紧急通知的插播，相对于校内传统纸本张贴以及海报，数字标牌的发布更及时，可以让学生快速悉知各种信息。第二，构建信息互动平台。对于校园新生代来说，学校互动信息平台建立的重要性日渐凸显。它支持图片、影片、文字等多种媒体形式的组合，可以播放各种校园新闻、学生优秀作品、荣誉榜，保健常识等，多元的应用效果打造了丰富的信息平台。同时，学生可以发挥创造力，自行定制各种播放内容，通过各种媒介进行互动。第三，提高教学综合水平。智慧校园可以将更多的内容融入教学计划中，数字阅读平台等的融入为学生提供了优质海量的数字阅读资源，开阔了学生视野。另外，教师也可以将教学课件制作成多媒体的形式进行播放，这有利于学生的理解掌握，大幅度的提升教学水平。第四，助力建设信息化校园。校园信息化建设的程度成为评价教学质量的重要指标，作为现代化教学工具的数字标牌，其灵活、全新、多元的应用模式可以有效助力校园信息化建设，有效提升校园形象。

　　智慧校园的三个核心特征：一是为广大师生提供一个全面的智能感知环境和综合信息服务平台，提供基于角色的个性化定制服务；二是将基于计算机网络的信息服务融入学校的各个应用服务领域，实现互联和协作；三是通过智能感知环境和综合信息服务平台，为学校与外部世界搭建一个互相交流和互相感知的接口。如同智慧城市一样，智慧校园与时下的物联网技术密不可分。而智慧校园的首要目标，也正是通过物联网技术连接校园网中的各个物件。从技术上来说，智慧校园涉及 RFID、二维码、视频监控等感知和技术和设备的应用。智慧校园是一个崭新的概念，这现象类似于云计算。

2. 智慧学习平台。充分利用信息及通讯技术，从物联化、集成化、智能化出发，改变单一的传统学习平台模式，打造包括智慧移动学习系统、电子书包及虚拟实验室等形式的新型学习平台，实现校内外、学生与学生之间的信息充分共享。其中，电子书包主要是针对中小学生提供的一种智能化学习工具，可以实现收发通知、账号管理、班级管理、收发作业、考勤管理、家教秘书等功能；虚拟实验室是基于 Web 技术、虚拟仿真技术构建的开放式、网络化的虚拟实验教学系统，是现有各种教学实验室的数字化和虚拟化，由虚拟实验台、虚拟器材库和开放式实验室管理系统组成。

智慧学习平台是遵循教育部关于构建"全国远程教育公共服务体系"的精神，以智慧教育的平台为基础，采用信息技术和数字化手段进行学习的一种新型学习方式。智慧学习平台针对现代社会人们对数字化学习的需求，以云计算技术为支撑，面向各类社会成员提供普及性、公平性、开放式和低成本的学习内容、学习支持服务和学习环境。由传统的课堂授课转向"实体课堂 + 在线 + 手机"的模式，强调教育的在线化，学生真正成为学习的主体，教师则是学生学习的组织者、帮助者和指导者。教育不再局限于规定的时间和地点，而是突破时空限制，实现远程教育，学生可以随时随地、足不出户地学习。同时，课程资源通过线上数字化整合，被反复利用，这提升了资源的利用价值和利用效率。教育成本大幅度降低，教育的自由度显著增高，学生可以自主安排课程、选择老师，在线教育打破了传统教育模式，或将在未来取代线下教育成为学习培训的新场所。

目前，比较典型的"在线教育平台"新模式主要由各大互联网公司牵头，它们与各大知名教育机构联手，跨越传统教育的局限性，开发出典型的"在线教育平台"的新产品。例如，学大教育与 360 公司展开了战略合作，二者合作的重点聚焦于在线教育领域；网易公司也在几年前就对大众开放了网易公开课、网易云课堂和有道词典；阿里巴巴在推出"淘宝同学"的同时，还对VIPABC（一家提供真人外教实时互动视频的英语学习平台）进行投资；百度掌门人李彦宏也在公共场合多次强调对互联网教育的战略投资，百度在完成对其他公司投资的同时，也在内部推出了"百度教育"。智慧学习平台是为了顺应经济社会发展的整体趋势，满足社会成员多样化、个性化和网络化的学习要求，通过智慧教育服务平台，面向智慧城市各级各类教育受众，提供现代远程教育和公共支持服务的数字化与智能化教育大平台。智慧教育和智慧学习平台以高起点、高水平、高效率开展继续教育与远程教育，构建规模较大、功能较强、应用覆盖较广的现代远程教育公共服务平台。

3. 智慧图书馆。利用新一代信息技术来改变用户和图书馆资源相互交互的方式，以提高交互的明确性、灵活性和响应速度，以实现图书资源的智慧化服务和管理。传统图书馆实现智慧化的技术基础是 RFID，主要包括标签转换系统、自助借书系统、自助还书系统、智能查找系统、推车查找系统、推车式盘点系统、安全门检测系统等。

4. 智慧课堂——慕课与微课。所谓"慕课"（MOOC），顾名思义，第一个字母"M"代表 Massive，即大规模的意思，与传统课程只有几十个或几百个学生不同，一门慕课课程动辄上万人，最多达 16 万人；第二个字母"O"代表 Open，即开放的意思，以兴趣为导向，凡是想学习的，都可以进来学，不分国籍，只需要一个邮件就可注册参与；第三个字母"O"代表 Online，即在线，学习在网上完成，不受时空限制；第四个字母"C"代表 Course，即课程的意思。

慕课的特点主要是大规模的参与者，课程是开放性的，并且主要是网络课程，而非传统的面对面课程，课程的资源散布于互联网上，供大家随时随地分享和使用。

微课源于微博，最早于 2008 年由美国圣胡安学院设计师彭罗斯所创造，主要按照课程的标准以及相应的教学实践要求，以教学视频为主要载体。微课是对课程教学过程中的某一个或者某一些知识点和教学活动资源的有机组合，微课的主要特点是"微"，短小精悍，体现在知识内容、视频长短以及数据量等方面。微课的教学目标比较单一，但是教学的指向性很明确。微课由于其内容短小、易于制作、数据量小及便于网上传输等特点，更加容易被分享、交流，能够吸引学习者的注意力，实现学生有效的自主学习，从而提高学生学习的效果。

5. 终身学习卡。这是一种以网络为基础的市民终身学习制度，建立每一个市民的终身学习账户，实行实名注册，用身份证进行统一编号，我们通过自己的账号可以登陆市民学习公共服务平台，选择相应的内容进行学习。同时，这个账户中储存了个人的信息和学习行为记录，突破了时间、空间的限制，力求达到"人人享有优质教育资源"的目标。

四、智慧旅游

（一）我国旅游行业存在的问题

【小贴士】

环游世界的梦想

余小姐与其他同龄人一样，在努力工作的同时，喜欢美食，喜欢旅游，喜欢享受生活。但是，大城市高额的生活成本往往限制住了她享受生活的步伐。"也许没想象中那么好吃呢""时间安排不过来呀""机票好贵，有没有特价的啊""等我再攒一点钱就去"成为了她自我安慰的"金玉良言"。然而在看到同事们又飞去国外吃喝玩乐的时候，还是难免心酸。

好在现在有了智慧旅游 APP，它不仅能在线办理出门游玩手续，还能通过客户行为数据与金融生活生态圈结合，全方位洞察客户，实现需求精准匹配，为客户制定时间上更适合且满足个人喜好的旅游计划。余小姐通过智慧旅游 APP 的推荐，选到了满意的出国旅游方案。余小姐说："智慧旅游就像一位专业的管家，懂得我需要的一切，提供适合我的旅游方案，还会提醒我出行时间、必备物品、注意事项等。有它的陪伴，我一定会实现自己环游世界的梦想。"

目前，我国旅游信息化建设状况和发展速度，还不能满足旅游市场及游客的需求。从总体看，旅游业信息服务还处于初级阶段，旅游信息服务无法满足消费者的需要。主要表现在以下几个方面。

1. 业务和管理手段落后。目前，旅游行业的主要业务往来及管理都通过简单通信网络，沿用传统手工作业方式，信息化应用的程度不高、信息不畅、资源共享程度不高，规模效应不能体现，成本高、办公效率低下、市场反应迟钝。

2. 信息发布能力有限。在传统的旅游业中，旅游信息的发布渠道非常有限。主要通过传统的报刊、广播、旅行中介的纸质资料获取相关信息，而网络获取信息也缺乏系统性，内容比较粗浅，基本是旅游线路、往返程工具、价格等最基础的信息。

3. 个性化定制服务能力弱。旅游信息内容一般涉及到旅游目的地、景点、饭店、交通旅游线路和旅游常识等，普通旅游网站一般都有。但在根据游客的特点和需求组合定制旅游产品，提供个性化旅游线路建议等方面做得好的旅游网站非常少。

4. 电子商务水平低。在消费者的旅游途中，很少能为其提供食、宿、行、游、购、娱等信息和电子商务服务。

（二）智慧旅游概述

智慧旅游，就是利用云计算、物联网等新技术，通过互联网、移动互联网，借助便携的终端上网设备主动感知旅游资源、旅游经济、旅游活动、旅游者等方面的信息，及时发布，让人们能够及时了解这些信息，及时安排和调整工作与旅游计划，从而达到对各类旅游信息的智能感知、方便利用效果。智慧旅游的推广，将提升游客在食、住、行、游、购、娱等每个旅游消费环节中的附加值。旅游者在旅游前、旅游中、旅游后，都能轻松地获取资讯、规划出行、预订票务、安排食宿、消费支出等，极大改善旅游体验。

智慧旅游是旅游业信息化发展的高级阶段，是我国旅游业转型升级的重要途径。对于以旅游业为支柱产业的城市来说，智慧旅游是智慧城市建设的重点领域。旅游服务包含前期咨询服务、销售体系服务、线路设计服务、景区配套服务、景点管理服务、安全服务等一整套服务体系，深化旅游层次必须要以服务为核心重点。在原有的服务基础上继续深化旅游服务，也会对旅游业绩有相当的提升。

智慧旅游的体系建设是基于信息技术的旅游经营管理和服务集成体系，体现的是旅游活动全过程、旅游经营全流程和旅游产业全链条的全面数字化应用。建设内容包括旅游信息基础设施的建设与旅游应用信息系统工程的建设，其中以旅游应用信息系统工程的建设为核心，包括旅游非空间信息管理系统与旅游空间信息管理系统的建设，具体由若干应用系统组成，分别是：系统管理模块、旅游信息管理系统、旅游信息网络发布系统、旅游目的地资讯咨询系统、三维虚拟旅游系统、旅游管理与规划信息系统、旅游灾难预警系统等。

智慧旅游不仅仅是旅游体系的完善，它还包含针对游客的旅游推广、旅游信息公布、虚拟旅游模式等；针对景区的旅游景区规划、旅游景区管理、旅游景区安防、旅游景区票务门禁管理等；针对旅游管理的旅游决策支持系统、三维实景规划系统、信息处理中心等。这样运转的系统，使得智慧旅游从决策到推广到管理再到新决策的良性循环得到好的运作。

（三）智慧旅游的特征

与传统旅游信息化相比，智慧旅游具有以下特点：以游客为中心、旅游信息服务自动化、旅游信息服务智能化。

1. 以游客为中心。在旅游过程中，游客关心的问题包括旅游线路、景点、交通、住宿、餐饮、娱乐、天气等方面。其中交通问题又涉及航班、火车、轮船、客运汽车、出租车等交通工具有关信息。在传统旅游信息化中，信息不是以游客为中心来组织的，而是以部门为中心来组织。举例来说，旅游主管部门发布旅游景点信息，航空公司发布航班信息，气象部门发布天气预报信息，宾馆酒店发布住宿信息。这些部门按旅游涉及的相关领域建设一个个孤立的信息系统，这些信息系统之间没有实现互联互通和信息共享。当游客需要查找信息时，需要登录一个个网站查找不同的信息，既费时又费力。在智慧旅游系统中，信息是以游客为中心进行组织的。通过采用位置服务（LBS）技术，游客走到哪里，相关的吃、住、行、玩等方面的信息都会立刻呈现在游客面前。

2. 旅游信息服务自动化。在传统旅游信息化中，游客获取旅游信息服务是被动的，往往需要自行查找分散在各部门的信息；在智慧旅游系统中，游客获取旅游信息服务是主动的。智慧旅游系统可以根据游客输入的身份特征、兴趣爱好、地理位置等自动编排有关信息。例如，根据游客的出发地和目的地，是年轻情侣还是退休的老年人，喜欢自然风光还是名胜古迹等，自动编排不同的类型，不同内容的信息提供个性化的旅游信息服务。此外，游客可以在自动售票机上购买门票，也可以通过手机购票（手机二维码门票）。门票带有感应磁条或 RFID 电子标签，游客可以刷卡或扫描手机二维码进入景区大门。游客可以刷卡租用自行车、乘坐电瓶车、购买景区纪念品等。通过便携式电子导游机，游客走到哪里，就自动介绍所在位置的景点。

3. 旅游信息服务智能化。旅游信息系统的智能化程度是智慧旅游与传统旅游信息化之间最大的区别。一方面，绝大多数游客都是非专业游客。他们的旅游经验不丰富，对旅行过程及目的地情况缺乏了解；另一方面，不同游客的年龄、经济条件、爱好、行程天数等情况千差万别。因此，必须提高旅游信息服务的智能化水平。例如，建立提供场景式服务的旅游信息网站，游客输入出发日期、出发地、目的地、返回日期后，根据不同情况为游客设计一条经过优化的旅游线路。然后让游客根据实际情况条件检索，选择不同的出行路线、交通工具，选择不同价位、不同星级的宾馆，选择不同的景点并预定门票等，把旅游全程涉及的各个方面安排妥当。在游客做每一步选择时，智慧旅游系统可以根据推荐度（或好评度）、价位等对选项进行排序，供游客参考。

（四）智慧旅游的发展模式

今后，智慧旅游将逐渐成为一种新态势，并加速传统旅行社经营方式和管理方式革命。随着智慧旅游的逐渐成熟，新的旅游商务模式也会不断出现。智慧旅游的发展模式主要包括游客发展模式、旅游资源及服务企业发展模式、旅游信息资源发展模式、按区域拓展的规模发展模式。

1. 游客发展模式。这一模式充分体现了互联网的特点，即开放性、个性化、互动性、深度参与以及地域性。具有丰富功能的智慧旅游平台，尤其是虚拟社区将吸引大量旅游爱好者。这些旅游爱好者充分利用平台虚拟社区，共同参与、共同创造，内容和功能不断丰富并且充实平台的信息，游客可以把旅游过程中的所见所闻发布在平台上与他人共享，也可以把旅游过程中拍到的景点、酒店乃至餐饮图片上传到平台上，这将大大丰富平台资源企业的资讯。由于这些信息是由广大游客所创造，它的来源和数量是海量的，而平台海量的动态信息又吸引更多的游客，更多的游客又创造更多的信息，因此在平台上可形成信息的良性循环。

2. 旅游资源及服务服务企业发展模式。旅游资源及服务企业发展模式是智慧旅游平台最重要的模式。良性发展，将提升中小企业的 ASP（动态服务器页面）应用水平，帮助中小企业进行业务转型，进而提升其竞争能力。平台系统提供功能强大的 ASP 服务，并通过培训和推广，不断提高旅游资源及服务企业信息化应用水平，从而使接入平台旅游企业数量大大增加。而旅游企业的增加，将导致平台业务的增加。这将对平台 ASP 技术提出更高的要求，平台将不断增加和提高 ASP 技术含量，而技术的提高和完善，又将吸引更多企业参与，从而形成良性发展循环。

3. 旅游信息资源发展模式。智慧旅游平台的信息资源来源主要有三种：一是平台运营者采编和维护的信息；二是旅游资源及服务企业发布和维护的信息；三是游客利用虚拟社区创造的充满个性化的丰富信息。这三种信息在平台上互相补充、滚动发展，使各种信息在平台上互相补充、滚动发展，使平台的旅游信息不断丰富。日益丰富多彩的信息，又将吸引越来越多的企业和游客加入平台，伴随游客和企业的增加，平台信息资源也会增加。因此，旅游信息资源的发展在智慧平台上，也可形成良性循环发展的态势。

4. 按区域拓展的规模发展模式。旅游资源是有区域性的，是不可转移的。然而游客的来源是没有区域性限制的，游客的需求也是不固定的。因此，整合资源必须先从区域入手，从区域旅游开始，拓展更容易做专、做精，效果更明显，示范性更强，避免一开始摊子铺得过大，资金、人力不足造成的智慧旅游平台的运营效率低下、服务质量不高等问题。

（五）智慧旅游的典型应用

1. 智慧搜索引擎应用。智慧搜索引擎后台数据库储存了大量旅游目的地等各方面信息，游客通过输入关键字、词进行搜索，智慧搜索引擎能揣测游客的意图，并能处理复杂的、高难度的任务，对游客的需求加以分析地接收，自动拒绝一些不合理或可能给游客带来危害的要求，为游客提供大量的可供选择的旅游信息。旅游目的地网站通过创建智慧搜索引擎，为游客提供各种与旅游有关的解决方案，并最大限度地满足游客需求和愿望。同时，智慧搜索引擎也可以实现多语言网络广告。充分利用声音、动画、三维等多媒体技术，提供主要客源国家和地区的语言，游客可以自行点击选择。游客在观看视频广告之余，还可以通过发送电邮、明星片等形式把广告发给亲朋好友，同时还提供广告下载及屏幕保护程序，供用户下载。

2. 电子服务应用。电子服务是旅游目的地网站提供的增值服务，也是旅游目的地开展网络营销的重要手段。电子服务主要是提供各类电子版本宣传资料的下载和浏览，包括节庆活动表、签证和出入境资料、天气预报、货币兑换、电子地图、电子图书、电子杂志和各种电子分类手册的下载和浏览。旅游目的地网站根据用户输入的资料可以搭建客户档案或用户数据库，并定期向用户邮箱发送旅游目的地宣传资料、各种促销信息或用户需求问卷调查表等，保持与用户的沟通和交流，并了解用户的旅游需求和愿望，以建立、保持和发展与用户的长期关系。

3. 客户关系和客户管理。旅游目的地网站不仅可以设立网上顾客服务中心，为游客提供紧急资讯、大使馆服务、网上投诉和意见反馈、公众留言等服务，还可以建立客户管理系统，让顾客参与到旅游产品和服务的生产和销售过程中，实现客户自主管理，例如客户可以自主修改预定资料或取消预定。旅游目的地网站通过设立顾客服务中心和客户管理系统，密切了与游客之间的关系，提高了双方的关系质量，从而提升游客的满意感。

4. 电子地图应用。这方面，山东旅游电子地图系统给我们很多启发。它是我国目前覆盖旅游目的地区域最广泛、包含旅游信息最丰富的电子地图系统，同时也是我国目前唯一能够实现定位与旅游内容的充分关联、实现跨区域旅游路线规划的旅游目的地营销系统（DMS）的电子地图系统。

电子地图系统以地理空间基础框架为载体，以 3S、宽带网络、虚拟现实技术为综合应用基础，以综合性、指南性旅游信息数据库为内容，充分考虑旅游行业特点，以吃、住、行、游、购、娱六大旅游要素信息为基础内容，通过"智慧出游导航""旅游目的地查询""专题旅游地图""旅游路线"等切合旅游行业实际应用需求的功能，为旅游和社会公众提供位置定位、出游指南服务等系列解决方案。

5. 电子布告栏（BBS）应用。旅游目的地网站通过电子布告栏（BBS）、新闻组等网络营销工具，对游客进行即时的信息搜索，游客则有机会对旅游目的地产品和服务设计、旅游交通和旅游线路安排等一系列问题发表意见和建议。同时，借助于简易信息聚合（Really Simple Syndication，RSS）订阅服务，不用再花费大量的时间冲浪和从新闻网站下载，实现了高效率的信息锁定和浏览。

这种双向互动的沟通方式，提高了游客的参与性与积极性，更重要的是它能使旅游目的地获得大量有用的游客信息，以便有效地做出对游客服务决策，从根本上提升游客的满意度。

6. 网上娱乐应用。旅游目的地网站还可以为游客提供网络游戏、网络音乐、彩信图片和屏幕保护程序下载等在线娱乐增值服务，吸引更多的游客登录旅游目的地网站。网络游戏、音乐、图片和屏幕保护程序的组织和设计以宣传介绍旅游目的地资源为目标，如：可供下载的音乐要以地方民族音乐为主，图片以旅游目的地风光图片为主，力求使游客在娱乐之中加深对旅游目的地的认识和了解。

问题六　产业大浪如何淘金
——体验智慧产业

一、智慧金融

（一）金融信息化建设现状与问题

1. 金融信息化现状。随着我国金融业的改革与发展，通过近十年金融信息化的建设，我国金融信息化已初具规模，概括起来具体表现在以下四点：

（1）金融信息化基础设施基本建成体系并不断完善，基本实现了计算机机房达标改造、网络资源优化整合、灾备系统建设部署等"十一五"金融信息规模规划确定的目标，全国范围内的金融科技发展与业务创新信息化高速公路基本铺设完成。

（2）数据大集中工程稳步推进并初见成效，完成上下级数据（即总行与分支行之间的数据关系）、中心技术框架和业务平台整合阶段性任务，积极开展"后集中时代"的科技管理探索与研究工作，以集约型信息化建设助推金融业升级转型。

（3）大批现代化业务信息系统上线应用并平稳运行，在持续提升金融业务工作数字化水平和网络化水平的同时，进一步加快了区域金融服务向更高层次科学决策和改革创新前进的步伐。

（4）多层次科技人才队伍培育成型并壮大发展，在金融业务运营与科技应用不断加深融合的环境下，科技工作者加快速度实现由单一型 IT 执行者向复合型 IT 决策者的转变，成为推动金融业务与信息业务有效融合的主要力量。

2. 金融信息化存在问题。与国际同行比较，我国金融业的信息化基础设施建设尚未完全到位，应用的丰富性、完善度，管理水平和创新能力，还存在很大差距。其中，硬件和技术建设方面的问题主要体现在以下八个方面：

（1）信息化的技术标准与业务规范未能形成统一体系，不能满足与国际接轨的要求，各金融机构自身的业务联机处理系统也存在接口和数据标准不统一等问题。目前，各金融体系的建设标准很难统一，阻碍了金融信息化的进一步发展。

（2）在金融信息化建设中，金融企业之间的互联互通问题还有待进一步解决。同时，跨行业、跨部门的金融网络和金融信息共享系统和平台尚未有效形成。

（3）信息系统的安全可靠性亟待提高。目前，中国金融信息系统和网络大量使用国外厂商生产的设备，这些设备使用的操作系统、数据库、芯片也大多是由国外厂商生产。因此，中国现有的金融信息系统存在着很多的安全隐患。另外，由于国内金融企业在建设认证中心的意见上难以统一，使得网上金融的认证标准至今悬而未决。

（4）实现数据大集中与信息安全的矛盾。数据大集中意味着统一管理，减少重复建设，然而，数据大集中虽是金融信息化的趋势，但集中从某种角度上也增加了系统的不安全性，这也是中国银行业信息化建设中所必须直面的一个关键问题。

（5）服务产品的开发和管理信息应用滞后于信息基础设施建设和业务发展速度。金融信息技术软件投资相对于硬件建设方面存在明显不足。目前，中国银行信息化建设主要集中在网上银行建设、分行建设、数据大集中后续系统建设等方面，大部分信息化投资都花在硬件基础设施的购买上。比较而言，软件和服务方面投入较少，从而导致硬件设施功能低效。这种投资结构错位反映了中国银行业信息化建设战略定位不准确，网络建设过分注重基础设施，忽视硬件设备价值潜能。

（6）金融信息化法律、政策环境有待完善。法律、政策环境是金融信息化建设健康发展的有力保障。随着信息技术在金融领域中的广泛应用，一些与金融信息化相关的技术（如电子签名、电子证书等）的合法性、有效性需要国家立法界定。同时，金融信息化的发展还要依赖于国家信用体系的建立和完善。

（7）金融信息化建设中不仅核心技术和设备过度依赖国外技术，金融信息服务系统的开发和规划也主要采用国外技术方案，这既有可能在技术层面上危害国家金融安全，也不利于国内金融信息领域的创新和发展。

（8）金融信息化建设投入在投资结构上还不尽合理。其中，57.8%用在了硬件设备上，软件投入所占比例为24.3%，服务上的投入只有17.9%。而发达国家银行业的IT投入中，硬件、软件和服务的比例分别为30%、20%和40%。这种明显的对比差异说明我国金融业对信息化建设的认识还不够准确。

（二）智慧金融概述

我们每天都在享受金融工具带给的便利，然而现在的金融体系还存在很多问题：不断爆发的金融危机说明了风险管理体制不完善；银行办理业务的效率低下导致我们要花费大量的时间排队；互联网上每天更新大量的数据却缺乏数据分析的技术。这一切都阻碍着金融体制的发展，导致金融市场的紊乱，如果我们将现代信息技术应用于金融体制中，那么我们的市场将会变得高效、有序、智慧。

智慧金融就是通过信息技术的支撑使现代金融行业在组织结构、业务流程、业务开拓以及客户服务等方面得到全面提升。具体表现在：通过动态的 IT 基础架构及时响应金融业务的需求，依托互联网技术，运用大数据、人工智能、云计算等金融科技手段，对海量数据的智能分析与优化，提升金融业务决策支持能力；通过感知客户行为模式的变化，提供个性化金融产品与服务，使金融行业在业务流程、业务开拓和客户服务等方面得到全面的智慧提升，实现金融产品、风险控制、服务的智慧化。

（三）智慧金融的特征

金融主体之间的开放和合作，使得智慧金融表现出高效率、低风险的特点。具体而言，智慧金融的特点有透明性、即时性、便捷性、灵活性、高效性和安全性。

1. 透明性。智慧金融解决了传统金融的信息不对称。基于互联网的智慧金融体系，围绕公开透明的网络平台，共享信息流，许多以前封闭的信息，通过网络变得越来越透明化。

2. 即时性。智慧金融是在互联网时代，传统金融服务演化的更高级阶段。在智慧金融体系下，用户应用金融服务更加便捷，用户也不会愿意再因为存钱、贷款，去银行网点排上几个小时的队。例如美利金融自主搭建的大数据平台提供的计算能力，已经可以方便地处理几百万用户上亿级的节点维度数据，3C 类分期贷款审批平均在 4 分钟左右就可以完成，而对比传统金融人工信贷审查的时间可能需要 10 个工作日（如信用卡审批）。未来即时性将成为衡量金融企业核心竞争力的重要指标，即时金融服务肯定会成为未来的发展趋势。

3. 便捷性、灵活性、高效性。在智慧金融体系下，用户应用金融服务更加便捷。金融机构获得充足的信息后，经过大数据引擎统计分析和决策就能够即时做出反应，为用户提供针对性的服务，满足用户需求。另外，开放平台融合了各种金融机构和中介机构，能够为用户提供丰富多样的金融服务。这些金融服务既是多样化的，又是个性化的；既是打包的一站式服务，也可以由用户根据需要进行个性化选择、组合。

4. 安全性。一方面，金融机构在为用户提供服务时，依托大数据征信弥补我国征信体系不完善的缺陷，在进行风控时数据维度更多，决策引擎判断更精准，反欺诈成效更好；另一方面，互联网技术对用户信息、资金安全保护更加完善。

以银行服务为例：先进的电子柜台可以让客户无需排队就能体验银行产品、进行交易，享受多渠道服务，这就是更加透彻的感知的过程；而更全面的互联互通则是指虚拟银行将银行服务从分行延伸到家里、办公室或任何可接入因特网的地方。集中的后台中心将各分行和虚拟银行连接起来，进而实现低成本和高效率的运作；而融合了汉字自动匹配系统和行业知识风险评估机制的风险管理基础架构，可以使银行的风险管理高度智能化，是更深入的智能化的过程。

（四）智慧金融的作用

1. 业务运营创新与转型。智慧金融就是预测客户需求、客户行为模式的变化，随时随地通过便捷的渠道提供个性化金融产品与服务。客户可以根据个人需求通过不同方式进行金融产品的体验，例如，可以通过银行网点办理小额信贷业务，也可以登录网上银行进行个人支付，还可以通过电话进行基金市场的买卖，甚至可以通过 ATM 机进行一系列的金融交易，极大地方便了客户，实现了金融市场的效率最大化。

2. 整合的风险管理。智慧金融就是实时、准确地预测及规避各类金融风险，优化内部资本结构。随着金融业务快速发展，风险管理业务必然要从孤立的风险管理模式走向全面的综合风险管理模式，从而实现风险信息的共享，支持风险的综合分析和统一的风险控制。创建全面风险管理平台，形成金融风险管理业务方面综合的解决方案。从数据体系结构、信贷管理、运营到货币交易，实现防范风险运营。主要提高了风险预警管理、结算风险监控、市场风险分析、操作风险分析、法律风险管理等功能。

3. 新锐的洞察与应变能力。智慧金融就是收集、处理海量数据，通过智能分析与优化提升业务决策支持能力，以回应市场环境的细微变化。金融业的未来不但要具备从广泛来源中获取、量度、建模、处理、分析大量结构化和非结构化数据的能力，更可以在统一集成的互联的流程、服务、系统间共享数据，通过快捷、智能地分析金融业海量客户与交易数据来提升洞察力和判断力，更高效地应用洞察以回应客户与市场环境的细微变化，随时随地通过便捷的渠道提供个性化金融产品与服务。

4. 动态的基础架构。智慧金融就是及时响应业务需求、适应多变商业环境的灵活的 IT 架构，以满足不同部门、客户和合作伙伴的各种需求。首先，这一套基础架构能提升服务，不仅确保现有服务的高效用和高质量，而且满足客户对创新服务的实时、动态访问的需要；其次削减费用，不仅包括运营费用和复杂度，还能通过虚拟化、性能优化、能量管理、灵活采购，在提高生产率方面取得突破性进展；最后，这一架构也能够管控风险，不仅关注目前来自于安全、弹性和法规遵从等挑战，还要充分准备应对在更加互联、更加合作的世界中出现的新风险。

（五）智慧金融的典型应用

1. 智慧银行。智慧银行是智慧金融的重要组成部分。什么是智慧银行？IBM 提出"智慧银行"的概念，让银行业以新的思维来审视自身的需求，并利用创新的科技去塑造新的业务模式。

新加坡银行业在近 10 年来，从银行服务网点到机器银行再到目前网上银行的发展，可见网上银行将是未来智慧银行的重要运作模式，也是银行服务成本最低的服务方式之一。据估计，网点服务是银行最昂贵的服务方式，假设网点服务的成本为 100%，那么 ATM 的成本约为 60%，网上银行和电话银行的成本仅为 15%，如何利用好网上银行是银行走向智慧的重要指标。

网上银行能承担更多功能，然而银行网点服务也需要转型。如今，客户到网点的大部分时间是进行交易，如变更账户信息，缴纳水、电、燃气费或取钱。在中国，40%～60% 的柜台交易都具有量大而价值低的特点。根据 IBM 商业价值研究院调查显示，国内银行网点用于销售的时间不足 20%，而用于交易、后台处理和行政管理的时间却占 80%，这造成了网点效率低下。

智慧银行要在充满挑战性的环境中把握发展的时机，必须具备前瞻性的视野和进取性的胆略，重新审视和塑造信息技术在银行业务转型中所扮演的角色，让"智慧"成为银行业转型与创新的第一步。

2. 智慧保险。智慧保险是智慧金融的重要组成部分，应以新的方式来思考和行动。"物联化""互联化"和"智能化"在智慧保险的愿景下有不同的解读。物联化是指可测量化能够让我们对保险相关用户的行为精确记录，对保险标的进行实时监督；互联化指保险企业将可使来自客户、行业生态圈的数据实现实时集成和共享；智能化指智能洞察可以促进保险业对用户的分类和对风险的防范能力。

智慧保险顺应科技的变革为保险行业所带来的机遇与挑战。我国的保险市场正在成为全球重要新兴的保险市场，拥有巨大的发展潜力。智慧保险将是中国保险业实现创新和转型的契机，通过实施智慧保险，将我国保险业打造为世界一流的保险公司。

智慧保险企业实现海量信息应用、准确预测风险、业务架构、集成业务平台、动态应用系统。

平安保险金管家："保险 + 互联网"健康管理 3.0 时代 开创24 小时在线问诊服务。2017 年，平安人寿全面迈入健康管理服务3.0 时代，切中"保险 + 互联网"时代脉搏，紧密结合客户需求，提出健康管理三重门服务理念。立足客户体验，经营全面推进加值服务，运用科技实现互联更高频、黏性更稳固，打造客户至佳体验。

专属家庭医生，24 小时在线望闻问切，专属医生团队科普正宗的健康知识，一扫生活中的健康误区。集成医疗及保险理赔大数据监测分析多类亚健康状况，帮助用户了解和发现自己的潜在健康风险。1000 名全职专业资质家庭医生团队，提供 7 天 24 小时不间断在线问诊服务。通过平安金管家 APP 实时图文语音问诊对话。平安金管家生活助手服务平台为用户打造"衣、食、住、行、玩"生态圈，为用户提供多方位深层次的生活服务需求。

华夏保险移动互联：构建"互联网 +"线上 E 化模式 打造无空间时间限制服务。华夏保险开封分公司坚持"双轮驱动、产品创先、服务整合、移动互联"四大战略，始终以客户需求为导向，通过构建"互联网 +"线上 E 化服务，结合柜面及线下服务体验，为客户提供无空间、无时间限制的优质服务。通过实施 E 化服务升级工程，将移动互联、人机智能、生物识别、大数据、云计算等科技手段引入保险服务场景，不断完善多触点、多渠道、一站式的移动智能服务平台，为客户带来服务的极致体验。

新华保险远程理赔：远程视频鉴定 互联网思维助力"快易理赔"。新华保险开封分公司借助互联网思维和技术，自2016年7月起在河南省内寿险行业首创远程鉴定服务。符合条件的伤残客户（因身体原因不便往返鉴定机构或经济拮据无力承担鉴定费用）由新华保险法医鉴定专家通过视频连线实施鉴定。客户申请远程鉴定服务，经判定属于远程范围且材料齐全后，提供该项服务，总用时一般不超过一周，鉴定后1~2天客户即可获知鉴定结果。相比社会鉴定机构需要提前1~2周申请，鉴定结论出具也要1~2周而言，远程鉴定服务不仅大大缩短了服务时效，便于客户更快获得理赔，而且全程不另收取费用，最大程度上使客户受益。

3. 智慧证券。智慧证券是智慧金融的重要组成部分，以证券信息化为基础。我国证券息化建设于1992年就已开始起步，交易系统经历了从半自动到全自动，单层次计算机架构到客户机构服务器架构的发展。

证券交易所使用的硬件平合随着硬件设备的不断发展创新，其自身的性能也有了大幅提高，同时构建了基础较好的证券信息平台，为智慧证券的发展打下了坚实的基础。目前，所有的证券公司都建立了网上交易系统，通过广域网实现了全公司的互联和集中交易，并且在网上交易的基础上通过网上服务等为客户提供了新的产品和服务。此外，在管理、决策和风险控制方面，也基本实现了信息化，包括证券公司自身的信息系统。

与此同时，证券网络技术也有了长足的发展。主干速率10M的以太网络现在只能用于证券营业部的一个远程大户室中。营业部的主干网络已主要使用快速以太网或更高档的千兆位以太网。值得注意的是，千兆位以太网络正逐渐成为证券营业部的局域网主干。由于管理的需要，证券公司总部（或地区总部）与各营业部之间通常还通过路由器建立了广域网，以便进行信息传递以及运行诸如中央监控、OA 系统等软件。证券交易的方式也从原来单一的柜台手工交易服务到现在的自助委托、电话委托、远程委托及网络委托交易等。但是，由于我国证券信息化发展的时间较晚，因此其发展存在一定的不足。比如整个行业缺乏统一的规划和总体设计，软硬件的资源使用效率低，网络的可靠性和数据安全性还不够高。尤其是 2008 年全球金融危机以后，各国对于证券行业的监管力度加强，如何将其引入到信息化中去，也是面临的挑战之一。

二、智慧能源

能源是人类活动的物质基础。在某种意义上讲，人类社会的发展离不开优质能源的出现和先进能源技术的使用。在当今世界，能源的发展、能源和环境，是全世界、全人类共同关心的问题。能源行业主要包括石油、天然气、煤炭、电力、水利、太阳能、核能等行业。作为国家支柱型产业和国民经济的重点领域，能源行业属于技术密集型、资产密集型企业。进入 21 世纪以来，我国的工业化与城市化进程加快，能源需求正以前所未有的速度增长。此外，随着我国改革开放的进一步发展，能源经济的发展格局、制约能源工业发展的主要因素以及能源对国民经济的影响也发生着深刻的变化。

（一）我国能源行业发展存在的问题

1. 我国能源供给和消费存在较为突出的矛盾。一方面是总量矛盾，能源需求继续增加，可持续发展面临挑战；另一方面是结构性矛盾，石油在一次能源生产和消费中的比例严重不匹配，

2009 年的石油生产量占 12.6%，消费量比例为 21.2%；发达国家及世界能源结构中，石油却是能源结构中占比最高的能源，美国的石油消费占其总能源消费的 40.7%，世界平均水平也达到了 35.8%。

2. 能源资源品种丰富，人均占有量较少。从不同品种看，水能资源主要分布在西南地区，开发程度比较低，但开发难度大、成本升高；煤炭资源大多分布在干旱缺水、远离消费中心的中西部地区，总体开采条件不好；石油资源储采比低，还有增加探明储量的潜力，但产能增幅有限；天然气资源探明剩余经济可采储量为 23900 亿立方米，进一步提高探明程度的潜力很大，具备大量增产的可能，但资源总量和开采条件难以同俄罗斯、伊朗等资源大国相比。风能、太阳能等可再生能源资源量巨大，其开发利用程度主要取决于技术和经济因素。

3. 能源建设不断加强，能源效率仍然较低。中国能源利用效率相对较低，能源生产和使用仍然粗放。自 20 世纪 90 年代以来，一方面基础设施建设和重化工机电快速发展，对能源和矿产品的需求急剧增加；另一方面，能源开发利用的技术水平和管理水平较低，没有能源战略或能源战略严重滞后，从而导致我国单位 GDP 能耗与发达国家差距越来越大。导致这一差距不断拉大的根本原因是我国科技进步水平和速度都远远低于发达国家。高速的粗放式经济增长导致了重经济、轻环境等问题。

4. 能源消费以煤为主，燃煤严重污染环境，生态环境压力明显能燃煤排放的主要大气污染物，如二氧化硫、一氧化碳、氮氧化物、粉尘等，对我国城市的大气污染十分突出；污染严重、降尘量大、污染冬天比夏天严重；我国南方烧的高硫煤产生了酸雨污染；能源利用效率的低下又增加了煤的消耗量。

5. 能源浪费情况比较严重。尽管中国的能源利用率在逐年提高，但受资金、技术、能源价格等因素的影响，能源利用效率仍比发达国家低 10% ~ 20%，生产单位产品的能耗比发达国家高出 50% ~ 100%。

（二）智慧能源概述

智慧能源就是充分开发人类的智力和能力，通过不断技术创新和制度变革，在能源开发利用、生产消费的全过程和各环节融汇人类独有的智慧，建立和完善符合生态文明和可持续发展要求的能源技术和能源制度体系，从而呈现出的一种全新能源形式。简而言之，智慧能源就是指拥有自组织、自检查、自平衡、自优化等人类大脑功能，满足系统、安全、清洁和经济要求的能源形式。

智慧能源的载体是能源。无论是开发利用技术，还是生产消费制度，我们研究的对象与载体始终都是能源，我们不懈探索的目的也是寻觅更加安全、充足、清洁的能源，使人类生活更加幸福快乐、商品服务更加物美价廉、活动范围更加宽广深远、生态环境更加宜居美好。

智慧能源的保障是制度。智慧能源将带来新的能源格局，必然要求有与之相适应的能够鼓励科技创新、优化产业组织、倡导节约能源、促进国际合作的先进制度提供保障，确保智慧能源体系的稳定运行和快速发展。

智慧能源的动力是科技。蒸汽机与内燃机的科技创新是工业文明的基础，智慧能源的发展，同样需要科技来推动。核能、太阳风能、生物质能、泛能网等我们正在利用、起步探索或仍未发明的能源开发利用技术，必将会为智慧能源的发展提供巨大的动力。

智慧能源的精髓是智慧。智慧是对事物认识、辨析、判断处理和发明创造的能力。智慧区别于智力，智力主要是指人的认识能力和实践能力所达到的水平。智慧区别于智能，智能主要指智谋与才能，偏向于具体的行为、能力和技术。智慧能源的智慧，不仅融汇于能源开发利用技术创新中，还体现在能源生产消费制度变革上。

智慧能源系统由四大并列的产业系统组成，即智能化的集中分层式能源生产和输送系统、先进的储能系统、智能终端能源系统、智慧能源服务系统。智慧能源系统意味着现有的能源网络将从科层制的能源结构转向多元互动能源结构，这个转变是不同能源模式的组织变迁，其实质是从等级制的传统结构向多中心的互动化过渡。其中，智能服务网络是指具有通用语义、通用语法、通用网络、通用规范、通用端口，基于标准化流程、接口，能够连接先进组件和现有技术架构，能够简化和便捷各系统应用之间信息交换和逻辑服务，能够实现即时数据传感监测，有效实现高精度、全系统、时间同步的能源服务体系，它通过互操作性实现能源网络高效、安全、稳定地运转。

（三）智慧能源的特征

智慧能源的概念、要素、组成界定了它同传统能源网络的关键区别，同时也是其成为智慧能源的内涵所在。智慧能源特征可以总结为如下几点。

1. 可靠自愈。可靠是指智慧能源系统即使发生大扰动和故障时，仍能保持对用户的能源供给能力，而不发生大面积停电、停气等事故；在自然灾害、极端气候条件下或外力破坏下，仍能保证智慧能源系统网的安全运行；具有确保智慧能源系统信息安全的能力。

2. 优质高效。一方面，利用投资控制成本，减少能源输送和分配的损耗，使能源生产和资产利用更加高效；另一方面，提供更加高品质的能源，在数字化、高科技占主导的经济模式下，能源用户的能源质量不仅能够得到有效保障，并且能够真正实现能源质量的差别定价。智慧能源系统需要引入最先进的 IT 和监控技术优化设备和资源的配置，提高系统设备传输容量和利用率，保证资产和设备优化利用。

3. 灵活互动。一方面，智慧能源系统在保证系统稳定可靠的基础上，能灵活支持可再生能源、分布式发电和微电网的正确、合理接入；另一方面，智慧能源系统能与批发、零售能源市场实现无缝衔接，支持能源交易的有效开展，实现资源的优化配置，通过市场交易更好地激励能源市场传统的分配方式。如在智慧能源系统上，用户可以把暂时不用的能源卖给其他需要能源的人，而供需都由能源资源市场决定。

4. 信息集成。智慧能源系统的实现包括监视、控制、维护、能量管理、配电管理、市场运营、ERP 等和其他各类信息系统之间的综合集成。并要求在此基础上实现业务集成，通过不断的流程优化、信息整合，实现能源企业管理、生产管理、调度自动化与能源市场管理业务的集成，形成全面的辅助决策支持体系，支撑企业管理的规范化和精细化，不断提升能源企业的管理效率，支持能源市场和电力能源的有效开展，实现资源的合理配置，降低能源损耗，提高能源利用效率。

5. 兼容环保。一方面，支持可再生能源的有序、合理接入，适应分布式电源和微电网的接入，能够实现与用户的交互和高效互动，满足用户多样化的能源需求，并提供对用户的增值服务；另一方面，通过在能源的配送、储能和消费过程中的创新来减少对环境的影响。

（四）智慧能源应用系统

智慧能源应用系统由四大并列的产业系统组成，即智能化的集中分层式能源生产输送系统、先进的储能系统、智能终端能源系统、智慧能源服务系统。

1. 智能化的集中分层式能源生产输送系统。智慧能源推动能源生产输送系统从等级制的能源结构中独立出来，构成一个更加专业的新产业体系，并成为人类有效利用能源的基础链条。它将实现不同能源网架间的通用模型、通用标准、通用协议、通用网络、通用数据的构建，以期推动数以亿计的能源系统的各种组件实现积极运行。

智能化的集中分层式能源生产输送系统，就是兼容了不同能源网架间通用性的新型能源生产输送的集成系统，是具有柔性性质的网络化、智能化、生态化能源设备集群。

智能化的集中分层式能源生产输送系统的发展方向，推动不同能源网架之间更加智能化地配置，推动能源从单网架的运转演进为综合网架的协同运转，推动能源从分层式由上而下的方式进化为互动化链式运转，推动能源系统的设备从自动化、机械化的专业适应性演进为网络化、智能化、生态化的柔性能源设备集群，推动能源设备从高耗能材料转向低耗能材料。尤为重要的是，它将推动能源从地球内部的工厂化生产和管网输送提升到兼容外太空的能源生产和微波、激光等能源输送，推动不同能源网络之间实现互操作性和安全性协同，推动不同能源网架间的通用模型、通用标准、通用协议、通用网络、通用数据的构建，以期推动数以亿计的能源系统的各种组件实现积极运行。

2. 储能系统。智慧能源网的储能系统是指将能量以可控制性、可观察性、互操作性的方式，直接、间接存储起来的能源集成系统。它推动能量从单一流向演变为双向、多向流动，推动能源系统从集中式控制演变为扁平化分散式控制。

智慧能源网推动储能系统从传统的能源体系之中独立出来并构成一个新的产业体系。储能系统将成为日后生产和生活的基本储备，是能源体系稳定的基石，是更加合理地利用现有能源资产的基本通道，也是合理兼容吸纳推动清洁能源的必要条件。构建储能系统是一场革命，它将组建生产、输送、分配、客户服务以外的第五能源价值链。

3. 智能终端能源系统。在传统的能源结构中，建筑、交通、工业设施等终端系统主要是能源的消费体系。在智慧能源网络中，它们既是能源的消费体系，也是能源的储备系统、简单的生产体系和参与能源市场的交易者。

建立基于智慧能源网的终端能源管理体系就是利用系统集成的方法，推动通信技术、信息技术、建筑技术和能源系统的有机结合，充分利用终端内部的智能设备、综合布线、绿色低碳材料、终端专用软件服务、燃料电池、储能技术、微型燃气轮机和内燃机等先进技术，实现终端内部照明、燃气、电力、热力暖通、空调、给排水、防灾、防盗等设备的综合智能控制，以期实现建筑、交通、工业设施等终端系统的高效能源管理。它可以通过电能、气能、热能的高效结合，大幅提高能量的利用率，实现终端内部灵活定制、多种选择、高效便捷的多网融合服务。

4. 智能服务网络。智能服务网络是指具有通用语义、通用语法、通用网络、通用规范、通用端口，基于标准化流程、接口，能够连接先进组件和现有技术架构，能够简化和便捷各系统应用之间的信息交换和逻辑服务，能够实现即时数据传感监测，有效实现高精度、全系统、时间同步的能源服务体系。它通过互操作性实现能源网络高效、安全、稳定地运转。

它的构成是智慧能源网推动智能服务网络从传统的能源体系中独立出来并构成链式互动能源结构的核心体系。它将包括传统能源系统未曾建立的若干内容，能源引擎服务、气象能源服务系统、远程能源控制、机器与机器通信协议、基于 IPv6 的信息基础络及其他新产业。

智能服务网络推动能源设施从孤岛系统、自动化运转到柔性能源生态集群。智慧能源服务体系将推动所有能源设施从孤立设施、专业系统、行业网络整合为网络化能源生态集群，形成人、机、网、市场四位一体的格局，全球能源结构正面临着前所未有的巨大转型和产业增长的爆发。

5. 办公楼宇能源管理系统。

其一，在线监测供电、供水、供气、供热等子系统及重要用能设备的实时参数和运行状态，自动检测系统中发生的异常，提供相应的应急预案，并通过自动或手动的方式切除异常设备或隔离异常区域。

其二，系统自动生成各种能耗信息统计图形、曲线和报表，如以日、月、年为周期的能耗统计报表，为用户提供全面有效的节能信息，包括能源消耗结构分析和能源消耗成本分摊，评估某一节能措施的效果和关联影响等，为节能管理和考核提供决策依据。

其三，通过对能源实时模拟系统计算分析，生成能源控制设备的运行报告以及分析控制情况，提出优化建议，帮助用户实施负荷均衡调整（三相用电平衡、分时用电均衡、负荷率平衡等）、最大需量控制等节能措施。

其四，系统通过温度传感器、照度传感器等设备采集实时环境参数，并根据这些参数对相关用电设备进行智能控制，合理调节运行状态，在满足设备正常使用和舒适度的前提下，达到最大节能效果。

其五，系统在线测电能质量和波分量数据，通过波分量图和势图，对点设备和供电线路的谐波状况进行监测，使用户及时了解真实用电环境，改善电力品质，以保障计算机系统和数据通信网络稳定工作。

6. 企业能源管理系统。

其一，对整个企业的能耗信息进行监测、统计和管理，实现对重点能耗设备、生产车间、班组的单耗统计，提供历史数据对比、分析工具。

其二，自动检测系统中发生的异常，如供水、供电、供气、供油异常等，提供相应的应急预案，并通过自动或手动的方式切除异常设备或隔离异常区域。

其三，通过对能源实时模拟系统的计算分析，生成能源控制设备的运行报告，包括峰值曲线图、电源电压、电流动作幅度、频率、时间等图表以及分析控制情况，提出更合理的优化建议，最大限度地降低单位生产能耗。

三、智慧物流

（一）我国物流行业发展现状

【小贴士】

疯狂双 11，快递更快了，物流开"外挂"了

11·11，一个疯狂往购物车里塞东西的日子，一个女人剁手、男人哀愁，所有人都不睡觉通宵购物狂欢的日子。每年的抢购盛况都震撼人心。

2017 年 11 月 11 日 23 点 50 分，裘某下了 24 小时内的第 25

单——一只 3.6 斤的阿拉斯加帝王蟹，299 元。由于担心快递延迟、爆仓等问题，裘某在购买帝王蟹前非常纠结，再三跟客服确认送达时间不会有误后，才付了款。让她意外的是，一觉醒来，她的"待收货"商品就变成了 19 件，物流信息显示为"卖家已发货"，并且能够查询到物流单号；而到 11 月 12 日中午，裘某就陆续收到了 8 个快递包裹。

今年双 11 的包裹跑得更快了，8.12 亿个物流订单，一周时间就基本配送完成。网友神仙格格的话颇具代表性："原以为双 11 快递会延迟几天，所以将送货地址都填了单位，没想到第二天就到了！大周末的还要跑去单位签收，头一次为物流太快而难过。"

为什么今年双 11 物流会那么快呢？

中国的物流行业起步较晚，随着国民经济的飞速发展，物流业的市场需求持续扩大。进入 21 世纪以来，在国家继续加强和改善宏观调控政策的影响下，中国物流行业保持较快增长速度，物流体系不断完善，行业运行日益成熟和规范。

物流信息化是指物流企业运用现代信息技术对物流对物流过程中产生的全部或部分信息进行采集、分类、传递、汇总、识别、跟踪、查询等一系列处理活动，以实现对货物流动过程的控制，从而降低成本，提高效益的管理活动。物流信息化是现代物流的灵魂，是现代物流发展的必然要求和基石。随着我国物流业的快速发展，物流信息化也显得越来越重要。物流行业的快速发展，也成为调整产业结构，转变经济发展方式，开拓新经济增长点的重要手段之一。

未来，中国物流产业将进入更高层次的发展阶段，并呈现一些新的发展趋势和特征。随着民国经济的快速稳定发展，物流产业规模将继续快速扩张。与经济结构和产业布局调整相适应，物流产业的集中度将进一步提升。随着物流市场的不断扩大，物流产业内的分工将越来越细。物流产业发展的制度环境将日趋规范，市场秩序与环境条件也将进一步优化。《物流业调整和振兴规划》及各级政府陆续出台的相关配套政策，为我国物流业发展创造了良好的外部环境。

（二）我国物流行业存在的问题

我国的社会物流虽然有了较快发展，但与国民经济发展需求相比，仍然存在许多问题，主要体现在以下几方面。

1. 社会物流依然粗放。我国的企业物流运作模式习惯于自成体系、自我服务，大量潜在的物流需求还不能转化为有效的市场需求。同时，多数物流企业规模小、实力弱、功能单一，服务质量和效率难以满足社会化物流的需要。这几年，我国第三方物流发展很快，但真正能够提供一体化服务的企业还不多。物流社会化、专业化、组织化程度低，造成物流效率低下，现有资源利用不足，社会物流依然粗放。我国物流粗放也明显地表现在物流市场不成熟，物流的对象主要是附加值低的产品，对物流需求大，导致物流成本居高不下，也使得物流活动还低于水平、粗放的阶段，很难适应目前多品种、多批次、少批量的流通方式。此外，我国物流外包业务绝大多数还只是集中在传统的运输、仓储业务，一些新的物流业务外包比例很低。物流企业一哄而上，而且绝大多数都涌向运输领域，造成我国运输能力特别是公路运输能力极为分散，恶性竞争，导致运价过低、超载超限现象严重。

2. 物流综合协调的能力薄弱。当前，我国物流水平落后的主要矛盾不在于物流设备的落后，即所谓的"硬缺口"，而在于物流综合协调能力薄弱。一是缺乏全国的物流规划，社会物流基本处于各自为政的无序状态；二是管理分割，难以协调；三是物流社会化、专业化程度低，造成物流效率低下，资源闲置较严重。在这种情况下，物流设施投入再多，也难以解决问题，反而造成大量闲置。

3. 物流组织管理水平落后。从物流成本构成的差距可以看出，与美国相比，我国最大的差距在于物流的组织管理水平。我国物流管理成本占总成本的14%，美国只有3.8%。这反映出我国社会物流专业化水平、社会物流组织能力和物流管理水平都很低。总之，我国物流发展正在继续加速，但与国民经济发展的要求仍相差甚远，而且差距越来越大。发展现代物流应要求加快流通速度，提高经济效率。

4. 物流信息化的认识不清。有些物流企业不知道信息化的关键所在，认为信息化就是计算化，用计算机武装传统的物流企业就是实现了信息化。即使配备了计算机，也最多只是局限在办公自动化和日常事务处理方面。有的则认为，信息化可以解决一切问题，希望通过信息化迅速改善企业的经营状况。

5. 物流信息化标准混乱、一体化水平低。从目前的状况来看，多数物流企业都是在自己原有业务的基础上开展信息化建设，缺乏规范的物流流程和信息化标准。同时，由于受现行经营体制的制约，大多数企业的物流活动由企业内部组织完成。这就严重限制了物流活动向专业化、信息化方向发展。从整体水平看，存在规模小、范围窄、管理差、效率低、成本高等问题，其原因在于没有形成优势互补、强强联合、共同发展的局面。同时分散单一的功能也无法满足一体化的物流需要。

6. 物流信息化进程缓慢。物流信息资源开发是物流信息化建设的核心任务。一方面，目前许多物流企业的物流信息化工作没有解决好运作层和运作管理层的信息采集问题，以至于系统缺乏足够的信息源，因而大大影响了整个企业信息资源的开发利用；另一方面，不少企业忽视信息资源规划工作，缺乏统筹规划，致使计划、生产和经营管理信息之间不能快捷流通和共享，形成许多"信息孤岛"。企业没有享受到信息化投资应产生的效益，从而严重阻碍了物流信息化的进程。

7. 信息技术应用和物流设备落后。信息技术和物流设备落后已成为制约我国物流企业发展的瓶颈。目前信息技术在物流企业方面的应用不仅比较少，而且应用层次比较低，计算机应用多局限在办公室自动化和日常事务处理方面。在拥有信息系统的物流企业中，其信息系统的业务功能和系统功能还不完善，缺乏必要的订单管理、货物跟踪、仓库管理系统和运输管理系统等物流服务系统，物流信息资源的整合能力尚未形成。在国外物流企业得到广泛应用的条码技术、RFID、GPS、GIS 和 EDI 技术，在中国物流企业的应用也不理想。另外，多数国内物流设备也都相比较陈旧，包括立体仓库、条码自动识别系统、自动导向车系统、货物自动跟踪系统在内的物流自动化设施，应用不多。与国外以机电一体化、智能化为特征的物流管理自动化相比，差距很大。

8. 物流信息人才紧缺。现代物流信息化建设需要复合型的物流人才。他们既要有坚实的文化基础知识、物流专业知识和现代信息技术，还要掌握一定的实践技术。近几年，我国很多大中专院校都设了物流专业，培养了不少物流人才。但由于物流属于实践性很强的学科，一些物流专业的应届毕业生不能适应岗位的需要，没有进入物流行业。特别是缺乏在技术和商业模式上都具有创新精神的高层次复合型人才，这就造成了我国物流人才的供需脱钩。

（三）智慧物流概述

在便捷的交通和有序的管理下，现代物流迅猛发展。然而，物流企业的管理体制尚需完善，由于企业对现代科技手段的忽视，造成资源浪费严重，物流效率不高，并且缺乏系统性管理，装配的标准化程度低，无序的竞争扰乱整个市场秩序。所以，一种新型的物流管理机制需要被开发，这种新型机制一定是建立在现代科技基础上的，即智慧的物流。

智慧物流是一种以信息技术为支撑，在物流的运输、仓储、包装、装卸搬运、流通加工、配送、信息服务等各个环节实现系统感知。全面分析、及时处理及自我调整功能，实现物流规整智慧、发现智慧、创新智慧和系统智慧的现代综合性物流系统。

智慧物流是利用集成智能化技术，使物流系统能模仿人的智能，具有思维、感知、学习、推理判断和自行解决物流中某些问题的能力。即在流通过程中获取信息从而分析信息做出决策，使商品从源头开始被实施跟踪与管理，实现信息流快于实物流。即可通过 RFID、传感器、移动通讯技术等让配送货物自动化、信息化和网络化。

（四）智慧物流的特征

智慧物流将实现物流信息共享，以满足不同需求主体的信息需求。智慧物流应用系统种类繁多，呈现了多源异构性。智慧物流应用系统主要有以下特征。

1. 物流信息交换的复杂性。物流服务往往涉及多个客户、多个经营主体。各主体的经济关系、技术应用、企业文化及信息系统模块的复杂性，导致了物流信息交换的复杂性。一方面，多种物流活动数据在系统内部子系统间进行交换，形成各类错综关系；另一方面，数据交换是在不同企业、不同隶属关系管理体制下，采用不同运行模式运行的各部门系统间进行，各系统的数据结构、数据储存形式和接口协议不一样，同样造成物流信息交换的复杂性。这就需要以共用物流信息的形式对物流信息进行标准化、结构化、规范化定义,以降低物流信息共享、物流资源整合的困难。

2. 物流数据的共享性。一般的第三方物流服务,对其他特定用户是按封闭系统运行的,物流内部信息与外部共享范畴非常有限。中心城市的物流具有一定的开放性,产生的部分数据应该可以在一定范围内共享,共享数据将在物流企业、客户及政府主管部门间传递使用,形成共用物流信息。

3. 共用物流信息需求的差异性。在物流企业、信息技术企业以及使用外购物流的客户和政府主管部门对共用物流信息的需求是不同的,其差别主要体现在以下三个方面。

时间差异性:物流企业、客户企业需要物流活动实时物流信息数据,政府部门一般需要在一定时期范围内反映物流活动的历史性共用物流信息和发展趋势信息。

内容差异性:物流企业和客户关心的是物流业状态、物流运作成本和服务质量等实时的物流市场信息,以便于进行实时调整和微观决策。

程度差异性:物流企业与客户要求数据尽可能详细,以确保业务运行准确无误;政府部门关心统计数据,要求数据反映的面宽,不同行业之间的数据定义一致,能够反映物流运作规律、变化和发展趋势。

(五) 智慧物流的作用

对于物流企业,智慧物流能大大降低制造业、物流业等各个行业的成本,实打实地提高企业的利润。能够有效地实现物流的智能调度管理、整合物流核心业务流程,加强物流管理的合理化,降低物流消耗,由此改善高物流成本居高不下的现状,并且能够提升物流业的规模、内涵和功能,促进物流行业的转型升级。

对于物流行业,智慧物流概念的提出对现实中局部的、零散的物流智能网络技术有了一种系统的提升，契合了现代物流的智能化、自动化、网络化、可视化、实时化的发展趋势，对物流业的影响将是全方位的。

对于生产企业，随着 RFID 技术与传感器网络的普及，物与物的互联互通，将给企业的物流系统、生产系统、采购系统与销售系统的智能融合打下基础，而网络的融合必将产生智慧生产与智慧供应链的融合，企业物流完全智慧地融入企业经营之中，打造工序、流程界线、打造智慧企业。

对于最终消费者，通过提供货物源头自助查询和跟踪等多种服务，尤其是对食品类货物的源头查询，能够让消费者买得放心，吃得放心。

对于政府部门，可全方位、全程监管食品的生产、运输、销售、大大减轻相关政府部门的工作压力的同时，使监管更彻底透明。

（六）智慧物流应用系统

1. 建立基础数据库。建立内容全面丰富、科学准确、更新及时且能够实现共享的信息数据库，是企业建立信息化建设和智能物流的基础。尤其是数据采集挖掘、商业智能方面，更要做好功课，对数据采集、跟踪分析进行建模，为智能物流的关键应用打好基础。

2. 推进业务流程优化。目前企业传统物流业务流程信息传递迟缓，运行时间长，部门之间协调性差，组织缺乏柔性，制约了智能物流建设的步伐。企业尤其是物流企业需要以科学发展观为指导，坚持从客户的利益和资源的节约保护为出发点，运用现代信息技术和最新管理理论对原有业务流程进行优化和再造。企业物流业务流程优化和再造包括观念再造、工作流程优化和再造、无边界组织建设、工作流程优化（主要指对客户关系管理、办公自动化和智能监测等业务流程的优化和再造）。

3. 重点创建信息采集跟踪系统。信息采集跟踪系统是智能物流系统的重要组成部分。物流信息采集系统主要由 RFID 射频识别系统和 Savant（传感器数据处理中心）系统组成。每当识读器扫描到一个 EPC（电子编码系统）标签所承载的物品制品的信息时，收集到的数据将传递到整个 Savant 系统，为企业产品物流跟踪系统提供数据来源，从而实现物流作业的无纸化。而物流跟踪系统则以 Savant 系统作为支撑，主要包括对象名解析服务和实体标记语言，包括产品生产物流跟踪、产品存储物流跟踪、产品运输物流跟踪、产品销售物流跟踪，以保证产品流通安全，提高物流效率。当然，创建信息采集跟踪系统，要先做好智能物流管理系统的选型工作，信息采集跟踪子系统是其重点考察内容。

4. 实现车辆人员智能管理。车辆调度：提供送货派车管理、安检记录等功能，对配备车辆实现订单的灵活装载；车辆管理：管理员不仅可以新增、修改、删除、查询车辆信息，并且随时掌握每辆车的位置信息，监控车队的行驶轨迹，同时可避免车辆遇劫或丢失，并可设置车辆超速告警以及进出特定区域告警；监控司机、外勤人员实时位置信息以及查看历史轨迹；划定告警区域，进出相关区域都会有告警信息，并可设置电子签到，并最终实现物流全过程可视化管理。实现车辆人员智能管理，还要能做到高峰期车辆分流控制系统，避免车辆的闲置。企业尤其是物流企业可以通过预订分流、送货分流和返程分流实行三级分流。高峰期车辆分流功能能够均衡车辆的分布，降低物流对油费、资源、自然的破坏，有效确保客户单位的满意度，对提高效率与降低成本的矛盾具有重要意义。车辆人员智能管理也是智能物流系统的重要组成模式，在选型采购时加以甄别，选好选优。

5. 做好智能订单管理。推广智能物流一个重点就是要实现智能订单管理，一是让公司呼叫中心员工或系统管理员接到客户发（取）货请求后，录入客户地址和联系方式等客户信息，管理员就可查询、派送该公司的订单；二是通过 GPS/GPS1 定位某个区域范围内的派送员，将订单任务指派给最合适的派送员，而派送员通过手机短信来接受任务和执行任务；三是系统还要能提供条码扫描和上传签名拍照的功能，提高派送效率。

6. 制定危机管理应对机制。智能物流的建设不仅要加强企业常态化管理，更应努力提高危机管理水平。企业尤其是物流企业应在物联网基础上建设智能监测系统、风险评估系统、应急响应系统和危机决策系统，这样才能有效应对火灾、洪水、极端天气、地震、泥石流等自然灾害，瘟疫、恐怖袭击等突发事件对智能物流建设的冲击，尽力避免或减少对客户单位、零售终端、消费者和各相关人员的人生和财产造成的伤害和损失，实现物流企业健康有序地发展。

7. 将更多物联网技术集成应用于智能物流。物联网建设是企业未来信息化建设的重要内容，也是智能物流系统形成的重点组成部分。目前在物流业应用较多的感知手段主要是 RFID 和 GPS 技术，今后随着物联网技术不断发展，激光、卫星定位、全球定位、地理信息系统、智能交通、M2M 技术等多种技术也将更多集成应用于现代物流领域，用于现代物流作业中的各种感知与操作。例如温度的感知用于冷链物流，侵入系统的感知用于物流安全防盗，视频的感知用于各种控制环节与物流作业引导等。

问题七　你的城市收到智慧城市的入场券了吗

在全球智慧风潮和国家政策的鼓励下，我国很多省市已经把"智慧城市"列入重点研究课题，纷纷加入"智慧城市"建设的赛跑中。据不完全统计，截至 2011 年上半年，中国已有近 50 个城市、城区或园区提出了具体的智慧城市建设目标和行动方案，它所涵盖的领域范围遍布城市生活管理的方方面面。其中，不乏中国智慧城市建设的领跑者，如北京、上海、深圳等。其他城市也已经制定出智慧城市建设规划，开始有特色地进行智慧城市的建设，目前，全国建设智慧城市的排名如表 7-1 所示。

表 7-1　　　　　　中国智慧城市发展水平排名

排名	信息化城市（计算机协会等）	智慧城市（社科院/国脉）
1	上海	无锡
2	北京	浦东新区
3	深圳	宁波
4	宁波	上海
5	广州	杭州
6	无锡	北京
7	苏州	深圳
8	青岛	广州
9	扬州	佛山
10	大连	厦门

一、智慧北京

（一）魅力无限的古都——北京

北京，中华人民共和国首都，中国政治、文化和国际交流中心。北京有三千多年的建城史，850年的建都史，是"中国四大古都"之一，其最早见于文献的名称叫做"蓟"。北京不仅曾是封建时期最辉煌的都城，它也是中国历史都城最后的结晶。如今，世界城市规划理论界对北京所形成的历史城市格局都是投以非常敬重的关注目光。

北京荟萃了自元明清以来的中华文化，拥有众多的名胜古迹和人文景观，是全球拥有世界文化遗产最多的城市之一。北京市在建设智慧城市时，主打北京独特的文化软实力。紫禁城的庄严肃穆、故宫的气势磅礴、天坛的伟岸气派、地坛的静谧幽美、颐和园的富丽堂皇、万寿山的葱郁秀丽……中国文化的瑰宝在北京汇聚成一束魅力之光，吸引来自世界各地的游人。

历经多年的发展，北京信息化水平已处于国内领先地位，互联网普及率达到69.4%，基本实现了2兆宽带全覆盖和政府核心业务信息化全覆盖。在智慧发展时代即将到来的新的历史时期，围绕北京建设中国特色世界城市的战略目标，北京信息化发展也步入了新的阶段，即"智慧北京"阶段。

（二）"智慧北京"建设方案

1. "智慧北京"建设内容。北京的"智慧城市"建设工程内容包括加强人口基础数据库的建设和应用，提高人口服务和管理的信息化水平；加快电子政务和公共服务平台建设，推广网上办公，逐步实现"零距离"办事和"零跑路"服务；建设和完善新一代城市智能交通系统，着力缓解城市交通拥堵；构建网格化管理服务和社会治安防控体系，推进社会管理和服务的信息化建设；推动信息化和工业化深度融合，加强信息通信高速网络和枢纽建设，加快推进"三网融合"，完善信息安全保障体系，推动物联网应用实践，实现城市管理精细化、智能化等。

2. "智慧北京"推进策略。"智慧北京"的建设首先是强调社会管理、市场监督以及政府基础设施建设；其次是强调以市场为主导，企业、社会、方方面面应该发挥作用。包括电子政务、数字社会、数字社区等等都需要企业和社会各界的参与。在具体推动中，成为城市应急管理、社会安全、信息交流、市政市容管理应用、环境监测监管、水资源管理、安全生产监管、节能减排检测监管、医疗卫生、农产品监管等十个领域来推进。

（三）"智慧北京"建设动态

"智慧北京"是首都信息化发展的新形态，是未来十年北京市信息化发展的主题，"智慧北京"的基本特征是宽带泛在的基础设施、智能融合的信息化应用和创新可持续的发展环境。

1. 智慧交通。交通拥堵一直是北京市民最为头痛的事情，为此，北京市政府采取了地下交通、单双号限行等多重措施改善城市交通问题，智慧交通解决方案就是其中的一种。主要做法包括：提升车辆的智能化水平，推广车辆智能终端、不停车收费系统（ETC）、"电子绿标"等智能化应用，加强营运车辆的智能化管理和调度；通过信息化手段研究三环路疏堵问题，在三环主要出入口设置感应线圈采集车辆密度和流量，同时通过整条三环路的视频拼接，了解环路交通状况，实施疏堵措施；通过智能模拟，改变区域内红绿灯策略，还将通过视频拼接，以完整的三环大路面视频，了解整条环路状况，同时以设置在各路段的无线喇叭，对行人、车辆的小事故进行语音提示和出行诱导，尽早解决问题。

另外，北京着手推动相关企业构建地下、地面车库信息平台，让市民可以通过手机软件预先了解出行线路上停车场的收费、车位，以及拥堵路段的实时视频等信息，方便市民出行。

2. 智慧环保。主要举措有：建设智能城市生命线管理体系，推广智能电表、智能水表、智能燃气表和供热计量器具，形成智能的电力、水资源和燃气等控制网络。不断完善节能监测体系，实现对工业、交通及大型公共建筑、公共机构等主要用能行业（领域）及场所单位的能耗监测。建设智能的土地、环境和生态监管体系，实现对全北京市土地利用、生态环境、重点污染源、地质资源和灾害、垃圾处理等领域的动态监测。

3. 智慧医疗。

（1）北京积极推进智慧医疗建设，推广"市民卡"（包括社保卡和实名交通卡等），使市民能持卡享受医疗、就业、养老、消费支付等社会服务。

（2）推广电子病历和居民健康档案，市民可以上网预约挂号、网上转诊等，城镇基本医疗保险和新型农村合作医疗患者持卡就医、实时结算。

4. 智慧教育。北京积极推进智慧教育建设，建设完善教育城域网和校园网工程，推动智慧教育事业发展。北京一些重点高校建设教育综合信息网、网络学校、数字化课件、教学资源库、虚拟图书馆、教学综合管理系统、远程教育系统等资源共享数据库及共享应用平台系统。市民可以在线学习，接受远程培训，这种数字化的教育，让市民可以更加便捷地接受最先进、最优质的教育。

5. 智慧政务。北京市积极利用新一代智能技术提升行政能力。

（1）以市民需求为中心整合服务。北京利用物联网、云计算、移动互联网、人工智能、数据挖掘、知识管理等技术，提高政府办公、监管、服务、决策的智能化水平，形成高效、敏捷、便民的新型政府。市民可对市政府的政策及其实施情况进行监督，可以向政府提建议和在线访谈。北京以市民需求为中心，提高"首都之窗"网站群、政务服务中心、政府服务热线等多渠道、多层级联动集成服务能力。北京的电子公共服务不断向基层延伸，使居民可以在社区（村）、街道（乡镇）基层服务站点办理劳动就业、社会保险、社会救助、社会福利等各种便民服务事项。

（2）北京统筹建设政务服务共用平台。北京建设和完善空间实体可视化服务、政务云计算服务、物联网应用支撑、统一用户认证、政务信息资源数据库服务等政务服务共用平台。

6. 智慧旅游。2011年10月9日，北京市旅游发展委员会联合中国移动北京分公司共同启动北京市"智慧旅游"城市建设及首批建设项目。确定以"智慧北京便利旅游"为目标，创新服务手段，发挥北京科技资源丰厚的优势，充分利用信息化、物联网技术手段，推动现代信息技术在旅游产业的应用，不断提高旅游公共服务的水平和效率。来北京旅游，餐饮、住宿、出行、游玩、购物、娱乐等方方面面游客都不用发愁了，这一切在来北京之前就能轻松搞定。游客可以从手机或网络上获取景区接待量的实时信息，景区超饱和迎客和游客盲目排队的问题都可以得到缓解。

此外，旅游委还将开发多语种景点导游系统，游客可将行程规划定制到电子导览导游机中，或将旅游计划和电子导览导游软件下载到手机里。在电子导览导游机的帮助下自助导览定位、自助导游讲解、紧急救援呼叫、旅游服务寻呼等。按照故宫的游览行程，游客可以设定游览时间，比如1小时、2小时，系统可依此设计不同的最佳游览路线。

7. 智慧民生。北京率先在水文水质监测、供水监测、环境质量监测、污染源监测、车辆监督、交通流监测、电梯监测、一氧化碳监测等领域实现了物联网应用，在智能交通领域建成了指挥调度、交通管理、交通监控、公交服务与监测、货物运输、电子收费、交通信息服务等方面 80 多项应用系统；在城市管理领域建成了城市运行监测平台和覆盖城八区的信息化城市管理系统；在食品溯源、资源监测等领域也有一批成功应用。这些应用在 2008 年北京奥运会、国庆 60 周年和城市运行的保障中发挥了重要作用。

（四）"智慧北京"示范应用

经过从"数字北京"到"智慧北京"的建设，北京的信息基础设施建设成果显著，特别在智慧医疗、卫生、教育、就业、社保、安防等公共服务领域取得突破性进展，建设了一系列工程项目。

1. 北京市电子政务专网。它是北京市政务信息的统一承载平台，由光纤宽带城域网络系统为北京市的各级党政机关、区县政府和信息资源单位提供高速、稳定、安全、可靠的网络服务。

2. 医疗保险信息系统。北京市医疗保险信息系统是首都重大信息化基础设施之一。该系统支撑了符合北京经济社会发展状况的基本医疗保险信息服务体系，覆盖全市 1800 余家定点医疗机构、320 余家街道社保所、3000 余家学校、18 万普通单位及全市 1000 余万参保人群，实现了医保系统服务人群全覆盖。随着系统建设的日臻完善，也使北京市医疗保险信息化服务水平位列全国前茅。

3. 社会保障卡系统。依托北京市医疗保险信息系统而建，是北京市社会保障体系信息化建设的重要组成部分，已率先应用于医疗保险领域，以解决医疗费用实时结算问题，实现参保人员持卡就医"零垫付、免报销"，缩短医保费用报销周期，方便百姓就医。

4. 社区公共服务平台。北京市社区公共服务平台面向政府、社会组织和社区居民，提供相关公共、公益与便利服务及社区管理基础信息服务。经过十余年的建设和运行，平台服务范围已覆盖全北京市 16 个区县 1 个经济开发区、183 个街道、2539 个社区居委会，依托 96156 社区服务呼叫系统、社区服务网站群、社区信息管理系统以及统一规范管理的众多服务商，向全市居民、社区工作者及政府决策提供服务，在政府涉及民生的重大工程中发挥着越来越重要的作用。

二、智慧上海

（一）国际大都会——上海

上海作为中国第一大城市，四大直辖市之一，中国的经济、科技、工业、金融、贸易、会展和航运中心。上海位于中国内地海岸线中部的长江口，拥有中国最大的外贸港口和最大的工业基地。上海港的货物吞吐量和集装箱吞吐量均位居世界第一。上海也是一座新兴的旅游城市，具有深厚的近代城市文化底蕴和众多的历史古迹，并成功举办 2010 年世博会。如今上海已发展成为一座国际化大都市，并致力于在 2020 年建设成为国际金融中心和航运中心。

自 2009 年开始，上海电信开始助力上海市打造泛在网络基础，率先建设"城市光网"。上海市的基础网络建设已全面提速。上海至全球的互联网带宽提升到 140G，成为国内首个 IT 级别的城市；"城市光网"光纤到户用户接入带宽能力最高达 100 兆，2009 年覆盖 75 万户，IPTV 用户突破 100 万；并初步实现 3G + Wi - Fi 无线宽带通信网络覆盖。2010 年 4 月 27 日上海市政府公布了《上海推进物联网产业发展行动方案（2010—2012 年)》，从技术研发和产业化等各方面推进物联网发展。其中提到将在上海建设涵盖交通、医疗、安防、物流等各领域 10 个物联网应用的示范工程。上海已建成公共物联网统一接入管理平台，为全市的物联网发展和在世博会中的应用起到积极推动作用。人们怀着美好的理想，运用先进的信息技术手段，尝试构建以电子化政府、网络化小区、数字化生活机能为重点的"智慧城市"，从而使城市能够更快、更智能地感知和交集信息。2010 年上海世博会以"城市，让生活更美好"为主题，借助世博会的契机，上海将全球"智慧城市"最新信息科技率先应用于世博园的安防、管理、服务、交通等各个环节，使世博园成为智慧城市"样板"。

（二）"智慧上海"战略与愿景

2011 年 1 月，"上海市国民经济和社会发展第十二个五年规划纲要"发布，要求建设以数字化、网络化、智能化为主要特征的智慧城市。2011 年 9 月，"上海市推进智慧城市建设 2011—2013 年行动计划"发布，提出到 2013 年底，上海智慧城市建设基本形成基础设施能级跃升、示范带动效应突出、重点应用效能明显、关键技术取得突破、相关产业国际可比，信息安全总体可控的良好局面，为全面实现上海信息化整体水平继续保持国内领先、迈入国际先进行列的目标奠定坚实基础。

大力实施信息化领先发展和带动战略，构建实时、便捷的信息感知体系，提升网络宽带化和应用智能化水平，推动信息技术与城市发展全面深入融合，建设以数字化、网络化、智能化为主要特征的智慧城市。到 2020 年，上海要基本建成与我国经济实力和国际地位相适应、具有全球资源配置能力的国际经济、金融、贸易、航运中心，基本建成经济繁荣、社会和谐、环境优美的社会主义现代化国际化大都市，为建设具有较强国际竞争力的长三角世界级城市群作出贡献。

（三）"智慧上海"建设方案

1. "智慧上海"建设内容。"十三五"期间，上海建设具有国际水平的信息基础设施，主要内容包括加快建设城市光纤宽带网络，构建新一代宽带无线移动通信网，建设下一代广播电视网，推进亚太通信枢纽建设，推进"三网融合"的互联互通，以及构建适应云计算、物联网发展的基础设施环境，打造新一代互联网数据中心等。在此基础上，上海将推进城市的智能化管理，即运用传感、网络传输和信息处理技术，实施若干项重大信息化工程，推进城市管理和公共服务信息化，提升城市运行效率和管理服务水平。同时，上海还将在优化信息化发展环境方面发力，包括健全信息安全保障体系，强化信息基础设施统筹规划和集约建设等。此外，上海还提出要提升产业信息化水平，包括提升传统产业的信息化应用能力，以及加快新一代信息技术的产业化。

2. "智慧上海"推进策略。一是关注信息基础设施能级提升。为适应高速、智能融合的趋势，上海将着力打造"城市光网"以提升信息网络带宽和接入能力，发展4G、Wi–Fi等多种技术的无线宽带网，扩大其在全市域的覆盖，推动智能技术、云计算和物联网等新技术的研发应用，加快"三网融合"进程。

二是关注信息技术的广泛应用。加快信息技术在金融、航运、商贸等服务业领域的深化应用，发挥信息化在改造传统产业和激发新兴产业中的作用；围绕城市规划管理、交通综合信愿服务、城市应急联动，建设信息化综合管理平台；引导和发挥社会组织开展信息化积极性，继续缩小城乡之间和不同人群之间的"数字差距"；促进政务信息共享和业务系统的建设，提升政府信息化服务水平。

三是关注信息技术创新和产业化。一方面借助信息技术创新，带动应用模式创新，促进业务形态创新，进而实现产业形态和结构的更新，催生新的信息服务业；另一方面由信息技术创新激发组织机制和管理模式创新，促进企业创新发展，实现企业做大做强。

四是关注信息化的发展环境。继续深化信息安全保障、信息化政策法规体系、信息化人才培养、信息化合作交流等方面的工作，为信息化的新一轮发展提供支撑。

（四）"智慧上海"建设动态

1. 打造智慧基础设施。

（1）宽带城市建设。上海加快城市光纤宽带网和下一代广播电视网（NGB）建设，实现城镇化地区全覆盖，显著提升网络基础设施能级，建成全国规模最大的光纤宽带、NGB 城市网络，基本建成宽带城市。

光纤宽带网建设。对新建住宅小区和楼宇按光纤到户标准进行建设，对已建住宅小区和楼宇加快光纤到户改造，光纤到户能力覆盖650万户以上家庭。扩容、优化城域网络，提高用户接入和业务承载能力。

新一代广播电视网（NGB）建设。完成490万有线电视用户NGB网络改造，具备提供高清电视、高速数据接入和语音等三网融合业务的能力。完成郊区180万有线电视用户数字电视整体转换。

（2）数字城市建设。构建起多层次、广覆盖、多热点的全市无线宽带网络。无线局域网（WLAN）热点基本覆盖城市重要公共场所，移动通信网络实现城乡全覆盖，时分同步码分多址长期演进技术（TD–LTE）率先在国内投入试商用，基本建成无线城市。

无线局域网（WLAN）热点。大力推进全市公共场所、服务场所的 WLAN 建设，全市 WLAN 总量超过 2.2 万处（约 13 万个 AP）。实现公共交通、行政办公、文化体育、公园绿地、旅游景点、宾馆酒店、教育卫生、商业金融等设施的重点场所覆盖率超过 80%，接入能力达 20Mbps，覆盖密度和质量国内领先。

TD–LTE 规模技术试验网。完成国家 TD–LTE 规模技术试验网建设，力争在此基础上实现中心城区和部分郊区城镇的网络覆盖，率先在国内城市中开展 TD–LTE 试商用。

（3）通信枢纽建设。继续保持城域网出口容量国内最大，海光缆通信总容量占全国 50% 以上，进一步提高通信转接能力，增强服务全国及周边国家和地区的能力，积极创建亚太通信枢纽。海光缆系统。完成新亚太海光缆（APG）在本市的登陆建设并投入运行，推进跨太平洋直达（TPE）、亚太二号（APCN2）等已建海光缆扩容建设，力争在本市登陆的海光缆通信总容量达 10Tbps。

国际、国内互联网出口扩容和互联互通。加强国际、国内通信系统建设，大幅提高城市网络出口能力，互联网国际和国内出口带宽分别达到 1Tbps 和 5Tbps；支持基础电信运营商通过各自在上海的国际通信节点实现与亚太地区主要电信运营商的网络直连，增强上海通信枢纽能力；鼓励基础电信运营商加强网间直联，增强与其他网络运营商的互联互通能力。

（4）三网融合试点。全面完成国家三网融合试点任务，深化拓展 IPTV、手机电视和基于有线电视网络的互联网接入等试点业务，推进基于有线电视网络的国内 IP 电话等试点业务开展，促进多屏互动、高清视频、互动娱乐、智能家居等融合业务应用，使广大市民充分享受三网融合的成果。

（5）功能设施建设。建设国内领先、国际一流的功能服务型信息基础设施，在国内率先部署规模化商用云计算数据中心，部署运算速度居国际前列的超级计算主机系统，为大力拓展存储、灾备、高性能计算、高精度位置服务等网络增值业务做好基础支撑，满足服务本市及周边地区经济社会发展的需求。互联网数据中心（IDC）。实现集中式和规模化部署 IDC，增强云计算、虚拟存储等高端业务服务能力，全市 IDC 总机架数力争突破两万架。

2. 五个重点专项提升城市品牌打造"智慧上海"。上海大力推进信息感知和智能应用力求让使城市运行更安全、经济发展更协调、政府管理更高效、公共服务更完善、市民生活更便捷。

（1）智慧上海管理体系。网格化管理系统应用。上海把城市网格化管理，建设统一的城市管理数字化平台，将管理辖区按一定的标准划分成单元网格（一般是一万平方米的面积），设立区中心，并在各街道设立分中心。通过加强对单元网格中部件和事件的巡查，主动发现、及时处置城市管理问题，实现城市管理与社区治安、教育、卫生、工商等其他社会管理互相联系。

市场管理信息平台。上海建设市场管理信息平台，提供建设程序审批、工地现场监管、建设主体管理、建设市场信息服务等应用实现各管理部门之间的信息互通互用和共建共享。

地下空间管理信息平台。建设地下空间信息基础平台，以中心城区为主要实施范围，完成包括地下综合管线和高架道路、地铁及部分其他地下构筑物的数据建设，开展地下综合管理、地下空间建设风险控制等示范应用；重点开展对防空和民防设施的防火、防水、治安和非法经营等的管理。

"智能水网"试点应用。建设"智能苏州河"监控系统，实现水安全智能指挥、水资源智能调度和水环境智能监控；规划建设"智能水网"感知系统，提高雨量、河网水质、水源地和省市边界水量水质、地下水监控等涉水要素的测报能力。

搞好智能电网示范应用。上海着眼于解决电力峰谷差距大、新能源电力入网难等问题，推进用电信息采集系统、智能电表、电动汽车充电设施、智能变电站等基础设施建设。

（2）智慧上海安全体系。围绕城市运行的关键领域，以信息共享和业务协同为基础，逐步实现管理各环节的无缝衔接，减少重复检查和管理漏洞，提升政府监管水平和服务能力。

食品安全监管和信息服务平台。让百姓吃得上放心肉，喝得上放心奶，保障食品安全。

智能化消防数字平台。实现全市范围内灭火救援力量的调度；实现与全市重点单位消防监控中心联网，共享消防水泵、水压、探测报警器、防火门、防排烟等消防设施状态、重点部位图像和灭火救援预案等信息，为全市防灾和救灾提供基础信息数据支撑，并提高重点单位自动预警能力。

多灾种早期预警系统。建设具备多灾种早发现监测、灾害预报预警、预警信息发布等功能的多灾种早期预警系统，做到实时监测、准确预报、及时预警，提高对重大气象灾害及其衍生的突发公共安全事件的应急处置能力。

安防视频资源共享系统。制定社区视频联网共享方案，推进社区单位视频资源接入，逐步完善社会治安重点目标、重点场所和道路的视频探头覆盖，依托公安视频系统建设安防视频资源共享平台，推进治安防控视频资源在政府部门间共享，全面提升城市视频资源的整体使用效益。

（3）智慧上海交通体系。道路交通综合信息应用服务平台。通过互联网、广播电视、移动通信等多种渠道，为公众提供道路通行状况等动态交通信息服务。

公共交通信息服务系统。上海市民可以通过此系统更方便地停车换乘、电子收费和预约停车等，极大方便了上海市民的出行。

（4）智慧上海民生体系。以市民需求为导向，在教育、卫生、社区生活服务等公众关注度高的民生领域，推进广覆盖、易使用的社会事业与公共服务信息化，让市民享受到信息化带来的个性化服务。

基于市民电子健康档案的卫生信息化工程。上海将建设市民健康服务门户网站，及时发布与市民相关的卫生医疗信息，为市民提供在线健康咨询、健康知识宣教、个人健康档案和检验检查告网上查询、医疗服务资源网上查询和预约的"一站式"服务。

数字教育工程。采用"数字课程资源＋移动学习终端＋教有服务平台"的模式，开展数字化教学试点，实现学生自主、便捷，高效和个性化学习；以"上海学习网"为依托，为市民提供在线学习、终身学习档案建立等服务，探索建立各类成人教育课程学分和学习成果相互认定、转换的机制及学分银行系统。

社区生活服务信息化平台。以街道为主体，以社区为单位，建设统一的社区生活服务资源库，探索建立完善的社区生活服务配送系统，建设以老年人、残障人士等群体为重点服务对象的社区生活服务信息化平台。

电子账单服务平台。进一步推进水、电、燃气和通信等公用事业账单电子化，依托"市民信箱"和"付费通"平台，构建全市公用事业电子账单服务平台，通过互联网、数字电视、移动终端等多种渠道，为市民提供公用事业账单查询、管理和缴费的"一站式"服务，鼓励市民使用电子账单替代纸质账单。

市民问诊式虚拟气象台。拓展建设基于高楼、草地、路面、水面等不同环境的城市综合气象体征信息采集网，加强气象信息资源的开放度、共享度，通过互联网、广播电视、移动终端等多种渠道，为市民提供出行、健康、防灾、居家生活等多样化、个性化、互动式的气象信息服务。

（5）智慧上海政务体系。以方便公众办事、缩小数字差距、提高党的执政能力和政府行政效率为出发点，加强党政机关间的信息共享，促进业务协同办理，优化服务方式和渠道，进一步提高公共服务的便捷性。主要内容包括：网上党建服务平台、人才综合管理服务平台、电子文件管理工作平台、网上行政审批服务平台、第二代社会保障卡、政府网站无障碍改造、市民服务综合热线、社区事务综合服务平台、法人网上统一身份认证系统。

（五）"智慧上海"示范应用

1. "城市光网"工程。由中国电信负责的"城市光网"工程，2009~2011 年在上海共投入 260 亿元，其中包括遍布全市的光纤入户工程，建成为全国区域投资最大的信息园——中国电信信息园区，该园区已经成为亚太信息通信枢纽的主要核心平台。园区内已经建成的中国电信网络监控中心（NOC）数据中心、传输中心及中国电信学院等构成了亚太信息枢纽的核心能力。该项工程主要是要使宽带覆盖上海众多的生活小区，全面提升城市宽带网速。截至 2011 年 7 月底，上海"城市光网"的覆盖能力超过 300 万户，"城市光网"用户突破 80 万户，10M + 10M 的"城市光网"高带宽用启已经达到 40 万户。

2. "电子校徽"项目。学生们在进出校门的时候，安置在校门的感应器将捕捉到电子校徽的信息，把学生进出校门的时间传输给终端服务器，再通过手机短信即时发送给学生家长。电子校徽好比家长的"千里眼""顺风耳"，既监管到了孩子的学习行为，又保证了他们的人身安全。

三、智慧广州

（一）千年商都——广州

广州是广东省省会、国家中心城市、超大城市、南部战区司令部驻地。是国务院定位的国际大都市、国际商贸中心、国际综合交通枢纽、国家综合性门户城市、国家历史文化名城。从秦朝开始，广州一直是华南地区的政治、军事、经济、文化和科教中心。

广州作为中国最大、历史最悠久的对外通商口岸和海上"丝绸之路"的起点之一，有"千年商都"之称。商业网点多、行业齐全、辐射面广、信息灵、流通渠道通顺。广州是华南地区的金融中心，华南地区融资能力最强的中心城市，也是中国外资银行第二批放开准入的城市。广州从 3 世纪 30 年代起成为海上丝绸之路的主港，唐宋时期成为中国第一大港，明清两代成为中国唯一的对外贸易大港。

（二）"智慧广州"战略与愿景

2010 年 9 月广州市政府表示，借助亚运契机，将广州建设得更加美好，提升广州的幸福指数，建设广东宜居城乡的首善之区，建设低碳城市、智慧城市、幸福城市。同年 12 月，南沙新区提出打造中国"智慧城市"先行区，南沙以创新、服务为主题，充分发挥区位、交通、政策优势，与港澳等城市紧密合作，大力推进现代服务业、先进制造业和高新科技产业的发展，将南沙建设成为国际航运物流中心功能区、粤港澳合作主力区、广东省现代产业基地、珠江三角洲区域科技创新及生产组织管理中心，广州滨海生态新城区，以高端化发展促进区域生产要素的高效流动，并带动珠三角和广东省经济、社会转型发展。

1. 总体目标。广州智慧城市总体目标是：以建立国家中心城市为中心，坚持继续创新和需求驱动相结合，构建物联网产业体系，推进智慧城市建设；坚持重点突破与长远谋划相结合，构建物联网产业体系，培养新的增长点；坚持政产学研用相结合，构建物联网创新体系，提升核心竞争力；建设一批示范应用，创造一个发展环境，完善一批基础设施，形成一批技术成果，打造一批产业集群。

2. 建设目标。"智慧广州"建设要以科学发展观为统领，以实现人的全面发展为根本，走经济低碳、城市智慧、社会文明、生态优美、城乡一体、生活幸福的新型市化发展道路。这条道路，主要有五个方面的内涵特征：

（1）更加注重以人为本。强调人是城市的主体，人的全面发展和幸福是城市化的终极目标，规划为人而设计、交通为人而建设、环境为人而美化，人在城市中可以找到归属感、认同感、自豪感，城市成为关怀人与陶冶人的幸福家园。

（2）更加注重可持续发展。强调集约、生态、低碳、包容的可持续发展，推进节地、节水、节能、节材，突出城市内涵提升和功能完善，实现经济发展与人口、资源、环境相协调。

（3）更加注重创新发展动力。强调以新知识、新技术带动发展，以智慧城市引领发展，以人才集聚推动发展，强化市场配置资源的作用，发展动力更加多元强劲。

（4）更加注重城乡统筹发展。强调城乡一体化，把城市化与美丽乡村建设、农村人口转移与农村经济发展结合起来，努力实现城乡公共服务均等化，逐步缩小城乡差距，促进城乡共同繁荣。

（三）"智慧广州"建设方案

1. "智慧广州"建设内容。根据广州市委、市政府制定的关于实施"智慧广州"的战略、建设国家中心城市的意见，遵循"顶层设计、统筹管理、深度融合、全面提升"的工作要求，按照2011年12月15日举行的第13届162次市政府常务会议审议通过的《关于制定广州市智能化城市管理与运行体系顶层设计的工作方案》要求，以改革创新的精神，敢于超越，前瞻规划，统筹编制《广州市智能化城市管理与运行体系顶层设计方案》，作为"智慧广州"建设的重要内容和核心工程之一，力争在2014年前初步建成全市高效统一的"一个海量数据库、一个综合管理平台、一个协同工作机制、一套支撑保障体系、一支管理应用队伍"的智能化城市管理与运行体系，初步完成重要城市基础设施的智能化建设，实现城市管理运行数字化、信息化和智能化，城市管理运行协同化能力明显提高，一体化工作机制日益完善，智能化管理应用体系初步建立，实现城市重要资源和要素信息的自动感知、高效传递、智能运用和互联共享，成为全国智能化城市管理与运行的创新示范城市。

2. "智慧广州"推进策略。

（1）进行"智慧广州"建设顶层规划，规划的重点是"智慧广州"功能体系、"智慧广州"网络体系、"智慧广州"系统体系、"智慧广州"技术体系、"智慧广州"信息体系、智慧广州"基础设施体系、"智慧广州"标准体系、"智慧广州"指标体系、"智慧广州"建设保障体系等方面的内容。

（2）进行"智慧广州"城市级数字化一级平台的研究与开发，以云计算、云数据、地理信息科技创新为基础，实现政府信息化、城市管理信息化、社会信息化、企业信息化集成平台间的网络与信息的互联互通和数据的共享交换，全面消除"信息孤岛"。

（3）以社会管理创新和民生服务为"智慧广州"建设的出发点和立足点，积极进行智慧医疗、智慧教育、智慧房产、智慧城管、智慧交通、智慧社区、智慧建筑等智能化应用系统的研究和系统平台的开发与建设。将"智慧广州"的社会管理和公共服务延伸到街道、社区、农村、建筑和家庭。

（4）以云计算技术、智能化物联网技术、无线互联网技术应用为核心，将现代科技应用充分体现在"智慧广州"的建设中。建设"智慧广州"示范城市项目，为在全国推广和复制"智慧广州"积累成功建设模式和经验。

（四）"智慧广州"建设动态

1. 智慧基础设施。建设国家级超级计算中心、城市大数据信息资源库、国际云计算中心和数据中心，推进光纤到户，无线城市、新一代宽带移动通信网络等宽带网络工程，以及城市重要设施的智能化改造升级。不断研发物联网、云计算、新一代通信网络、移动互联网、高端软件、智能终端、大数据、高性能计算等前沿技术，自2010年以来，广州市加大对智慧城市核心技术的支持力度，芯片技术、移动互联网、北斗卫星导航、LED等领域自主技术发展取得明显进展。

2. 智慧政务。广州还在全国率先提出了"上网办为主、现场办为辅"政务服务和公共服务目标。推动政府网上行政审批，建设政府智能化办公决策平台、城市智能化管控中心、智能化视境监控体系，实施公共安全、城市管理、城市规划和地下管线管网、城市应急管理等智能化工程，广州市网上办事大厅围绕市民和企业为核心服务对象，设置了政务公开、投资审批、网上办事、政民互动、效能监察五大核心栏目，提供1400多项业务网上办事服，其中有571项实现全程网上办理，涉及市民生活的有婚姻、生育、入学、医疗、就业、住房、交通等领域，涉及企业经营的注册、年审、投资、基建、认证、缴税、环保等领域，此外还整合了水、电、煤气等公用事业服务，极大地方便了市民。

3. 智慧交通。广州的智能交通系统，依靠物联网技术、云计算、4G移动通信技术等先进技术，让市民出行、企业经营、政府管理能够及时、准确地感知到实时的交通信息，最终实现各种交通需求信息和供给信息。在人、车、路之间快速、准确地相互传递；通过动态感知交通信息，使市民、企业、政府，实时把握最新交通信息，预测未来交通变化趋势，判断交通发展态势，从而对自身的交通需求进行主动管理；通过感知自身关注的动态信息，主动管理自身的交通行为，满足自身需求，同时实现车辆的安全舒适行驶和道路资源的最大利用，形成道路资源供给与机动车交通需求的动态平衡。

4. 智慧安全。广州已经开展智能安全管理，建设平安城市，在广州各街道、火车站等人员密集的公共场所安装监控摄像点，并利用模式识别、智能预警、虚拟巡逻等手段开展公共安全治理；建设"智慧城管"，探索采用无线射频标签、传感器、卫星导航、视频监控、手持终端等设备实时采集城市管理信息，实现信息实时采集、监控和管理；建设实时路况、停车诱导等信息服务平台，调节实时交通流量，减少道路拥堵。这些举动将提升城市精细化管理水平、提高城市运行效率。

智慧广州工程还将大力推进智慧社保、智慧医疗、智慧教育、食品药品溯源等方面的建设，保障和改善民生，提升市民的生活品质；将通过智能家居、智能建筑、智慧社区等示范工程以及智能水网、智能环境等工程，着力打造智慧广州发展新前景。

（五）"智慧广州"示范应用

"智慧广州"建设重点抓好"5＋1"工程。即一页（市民个人主页）、一卡（社会保障市民卡）、一库（城市海量信息资源库）、一台（公共支撑平台）、一城（天河智慧城）的"5个一"工程和人才工程。广州市启动了智能交通、智能港口、智慧人文教育、智能水网、智慧民生服务等一批智慧城市应用示范项目建设，同时在天河智慧城、南沙智慧岛、黄埔智慧港、数字家庭（番禺）示范区、中新广州知识城等区域开展智慧城市综合示范区建设，以新应用带动新产业和创造新生活，推进城市数字化、网络化和智能化。

2011年4月17日，广州市民个人主页正式开通，进入网站首页、登录个人"网上地盘"，汇集了交通违章、社会保险、公积金、水费、电费、燃气费、移动话费、电信话费等8大类民生信息订阅服务。

四、智慧深圳

（一）活力之都——深圳

深圳，又称为"鹏城"，国际化大都市。位于珠江三角洲东岸，是中国最早对外开放的城市，中国第一个经济特区，计划单列市。深圳由一个边陲渔村发展成具有一定国际影响力的新兴现代化城市，创造举世瞩目的"深圳速度"。如今深圳已成为中国高新技术产业重要基地、金融中心、信息中心和华南商贸中心、运输中心及旅游胜地，是一个现代化的国际性都市。深圳是中国重要的海陆空交通枢纽城市。由于毗邻香港，设有全国最多的出入境口岸。

2010年3月，深圳市出台《关于转变工业经济发展方式的若干意见》，提出了"提升自主创新能力、推进结构优化升级、加快信息化工业化融合发展、大力建设低碳城市"等目标，并首次提出建设"智慧深圳"的目标。随后，在深圳市第五次党代会上正式提出建设"智慧深圳"，这是深圳市在新的发展起点上，顺应国际科技，经济、社会发展形势和先进城市发展潮流作出的战略决策，旨在通过以城市智慧化为特征的新一轮城市现代化建设，促进各种创新要素聚集，催生新的技术、产业，业态和商业模式，抢占城市未来建设与产业发展制高点，将深圳发展成智慧城市示范区、智慧产业领跑者。

（二）"智慧深圳"战略与愿景

在 2011 年 3 月发布的《深圳市国民经济和社会发展第十二个五年规划纲要》中，将"加快建设智慧深圳"作为未来五年深圳城市信息化发展的总体目标，提出实施信息化带动战略，把信息化作为创新驱动、产业升级、城市发展的重要支撑。加快建设下一代信息基础设施，大力推进经济社会各领域信息化，实现信息化与工业化深度合，全面建设智慧深圳。

2012 年 5 月，"智慧深圳规划纲（2011－2020 年）"发布，提出到 2020 年，建立较为完善的信息通信基础设施，在传感网络、信息传输、平台管理、智慧应用等重要环节突破一批重大、核心技术，形成以高端信息设备制造业、现代信息服务业为主体，以技术、标准、方案、服务模式为主要产品的智慧产业体系，以及覆盖各行业、各领域、各区域的城市运营服务体系，初步建成国际领先的智慧城市基本框架。

2013 年 9 月，为加快推动智慧深圳建设，把深圳发展为我国领先的智慧城市示范区和新一代信息技术产业领跑者，深圳市人民政府办公厅发布"智慧深圳建设实施方案（2013－2015 年）"。根据实施方案，到 2015 年，深圳市将建成国际领先的城市信息通信基础设施，实现城市感知能力、网络传输环境及信息处理能力全面升级；形成集约高效的电子公共支撑体系，信息资源社会化开发利用取得有效突破；打造便捷高效的城市管理和民生服务应用体系，促进社会建设和城市运行管理智慧化，坚持技术应用与产业发展相结合，掌握一批具有自主知识产权的关键核心技术和标准，培育具有国际竞争力的智慧城市支撑产业集群。全市信息化水平显著提升，初步建成公共服务更加普惠、社会管理更加高效、产业体系更加优化，发展机制更加完善的智慧城市示范区基本框架。

"智慧深圳"的总体目标是，建设全球一流的信息通信技术（ITC）基础设施，构建信息资源融合汇聚和安全共享的智慧城市公共环境，打造一批成熟高效的智慧化管理及民生服务应用体系，通过城市管理运行机制模式创新，提高智慧化城市管理运营效率和公共服务能力，满足日益增长的民生需求，最终形成一个国际领先的智慧型现代化城市。

到 2015 年，初步建成 TB 级的国内和国际互联网出口、城域高速网络、感知监控网络、信息安全体系和服务支撑平台有机构成的信息通信技术基础设施，加强自主创新，形成在关键技术领域拥有一批核心知识产权的智慧产业体系，城市运营水平大幅提升，产业结构调整升级成效显著，实现"三网融合"和无线城市，面向市民和中小企业提供基于云计算的应用服务。建成千万容量的光纤接入平台、光纤到小区实现 100%，光纤到户达到 150 万户，家庭宽带普遍达到 50Mbit/s 以上接入能力，无线宽带人口覆盖率达到 90%，移动通信带宽达到 20Mbit/s 以上，互联网普及率达到 98%。培育云计算服务、移动互联网、物联网、数字内容及创意应用等智慧型新兴产业，实现 5000 亿元产业规模，形成以一批营业额超百亿企业为龙头的智慧产业创新集群，带动广播电视信息业、电子信息制造业向融合化、高端化产业形态转型。

到 2020 年，建立较为完善的信息通信基础设施，在传感网络、信息传输、平台管理、智慧应用等重要环节突破一批核心技术、共性技术、关键技术和运营技术，培育以高端信息设备制造业、现代信息服务业为主要内容，以技术、标准、方案、服务模式为主要产品的智慧产业，形成覆盖各行业、各领域、各区域的城市运营服务体系，建成国际领先的智慧城市生态系统和辐射全球的智慧产业生态系统，构建起智慧城市的基本框架（见图7-1）。

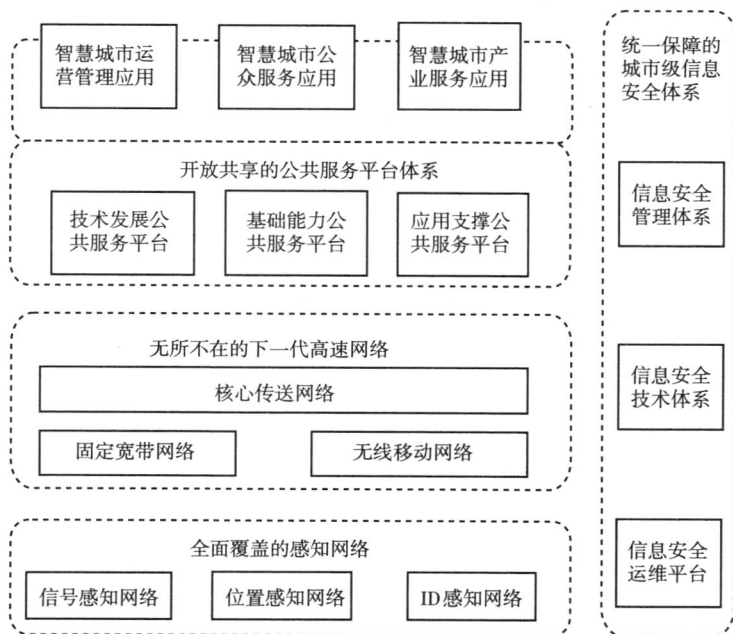

图 7-1 智慧城市基本框架

（三）"智慧深圳"建设方案

1. "智慧深圳"建设内容。

第一，加强基础建设，完善支撑体系。建设无处不在、全面覆盖、安全保障的智慧基础设施，加快现有城市基础设施智慧化改造，实现智慧管理应用集成和感知网络的统一管控，创造良好的城市运营基础条件。

第二，抢占标准高地，实现重点突破。围绕"智慧深圳"建设的关键环节和重点领域，构建以应用为导向、企业为主体、政产学研用合作的技术创新体系，实施标准战略，加快智慧产业重大核心关键技术研制开发。

第三，推动业态创新，构建产业生态。通过技术创新和组织模式创新，推动产业向价值链高端发展，促进产业结构优化升级，形成以"智慧深圳"为共同品牌的产业集群。

第四，深化资源利用，提升运行效率。建设信息资源融合畅通、共享便利、公平开放的智慧城市公共环境，加强城市运营主体间的协作，通过"一站式"支撑和"一体化"运营，实现城市管理及公众生活高效的智慧服务。

2. "智慧深圳"推进策略。智慧深圳将实施全覆盖感知网络工程、高速融合网络工程、公共服务支撑平台工程、"深圳云"服务工程、信息安全管理工程、技术攻关工程、产业培育工程、标准战略工程、智慧应用工程、重点项目工程十大工程，旨在通过以城市智慧化为特征的新一轮城市现代化建设，促进各种创新要素智慧交融，催生新的技术、产业、业态和商业模式，抢占城市与产业发展制高点，使深圳成为智慧城市示范区、智慧产业领跑者。"智慧深圳建设实施方案（2013——2015 年）"进一步将智慧深圳建设的重点任务、内容和责任单位进行具体化，包括城市信息通信基础设施、电子公共支撑体系、智慧城市运营管理、民生领域信息服务、信息安全保障体系、战略性新兴产业集群发展。

加快建设国际领先的信息通信技术基础设施，构建可持续发展的智慧产业生态体系，推进智慧化城市管理及社会服务应用，实现可持续发展的城市产业共繁荣格局。

（四）"智慧深圳"建设动态

深圳正在从科技、人文、生态等三方面构建新时期的"智慧城市"。

1. 智慧基础建设。依托强大的电子信息产业，深圳信息化建设一直走在全国前列，领先的信息化进程也把"智慧深圳"的科技理念体现得淋漓尽致。深圳市政府一直与电信运营商保持着紧密的合作，不断增强信息服务业、电子政务、移动电子商务以及企业信息化的水平。特别是 4G 时代的到来，给深圳"数字城市"建设提供了良机，更加凸显出"科技的深圳"的含义。

2. 智慧交通。智慧交通体现人文的深圳。深圳交通部门在探索中推出 U 交通战略，逐步实现 U 服务（无处不在的智能交通服务）、U 保障（无处不在的智能交通保障）、U 体验（无处不在的交通信息体验）。根据计划，深圳将按照"大运优先、先急后缓"的原则推进智能交通项目建设。

首先，完成 GPS 监管平台二期建设，实现在一个平台上实时监控深圳市出租车、公交车、长途客运、包车客运、危险品运输营运车辆。

其次，启动智能化枢纽（场站）服务系统、公交电子站牌试点项目建议书的编制申报工作，研究智能化出租车服务系统、智能公交系统建设方案。最后是启动深圳市营运车辆 GPS 地方行业标准编制工作，指导全市交通行业 GPS 技术的规范化应用，提供数字化、智能化管理手段。

目前，深圳市民可以上网查询交通和路况信息，也可以拨打电话收听路况信息，还可以用手机登陆 WAP 网站查询交通路况。

3. 智慧政务。智慧门户将依托现有无线城市"市民主页"，利用社保、医疗、交通、教育、水电等公共服务信息，为市民和企事业单位提供可定制、个性化、一站式的公共信息服务，并逐步扩大与社会各层面的合作，探索建设开放平台，丰富"智慧深圳"内容。整合政府部门提供的服务内容资源，使社会公众通过本服务指引可方便快捷地查询政府部门提供的服务内容。市民篇服务指引涵盖了市民可通过上网办理的各类公共服务事项，包括15种、46类，共计449项服务，如生育收养、户籍身份、教育成长、劳动就业、婚姻登记、社会保障、税收征管、土地房产、兵役优抚、交通出行、出境入境、司法公司、离休退休、死亡殡葬等主题。企业篇服务指引涵盖了企业可通过上网办理的各类服务事项，包括28种、43类，共计794项服务，如登记注册、变更备案、企业年检、企业商标、证照资格、行业准营、税收征管、社会保障等。

4. 智慧能源。深圳在打造"智慧城市"的过程中，着重打造智慧能源建设。提出在规划建设、低碳产业、绿色建筑、资源利用等方面不断改革创新，建设资源节约型、环境友好型的新型城市。深圳大力建设"低碳工业城市"，率先打造工业节能减排示范市。以重点用能行业为突破口，深入开展重点用能企业能效水平达标，落实重点行业工业产品能耗限额标准，培育一批行业先进标杆和典型。

循环经济：深圳加快建设工业循环经济试点城市，组织实施低碳工业示范工程，加强低碳工业技术的推广合作和促进智能电网与电子信息产业融合发展。

智能电网：电力行业是发展循环经济的最重要行业之一，早在2004年，深圳移动就携手深圳供电局研究和开拓智能电网的建设。智能电网与电子信息产业的融合发展；开展政府部门与电网企业的智能电网试点工作；在电能计量自动化系统、电力行业终端通信保障平台和服务平台等三大领域打造一个全面感知、可靠传递、智能处理的和谐数字化生态系统。

（五）"智慧深圳"示范应用

"智慧深圳"建设将陆续启动一站式智慧门户工程、智慧市政工程、智慧交通工程、智慧医疗工程、智慧食品安全工程、智慧环境工程、智慧物流工程、智慧社区工程、智慧警务工程、智慧电网工程、智慧电子商务工程、工业化信息化融合工程、创新资源共享工程等一系列示范工程。

在智慧交通工程建设方面，深圳市计划在大运会试点成功的基础上，在全深圳市主要路口布设近万个基站查验点，为全深圳市机动车安装电子车牌，通过获取车辆电子轨迹信息，实时掌握交通流量信息等，提高交通管理的信息化水平。深圳市还将依托物联网技术建设"智慧交通"系统，通过电子站牌试点及网站、手机等方式向市民发布出行信息；建设"智慧出租车"系统，构建出租车车联网，为市民出行提供更优质的服务。

五、智慧香港

（一）东方之珠——香港

香港地处中国华南地区，珠江口以东，南海沿岸，北接广东省深圳市，西接珠江，与澳门特别行政区、珠海市以及中山市隔着珠江口相望。

香港是一座高度繁荣的国际大都市，全境由香港岛、九龙半岛、新界等3大区域组成，管辖陆地总面积1104.32平方公里，截至2014年末，总人口约726.4万人，人口密度居全世界第三。

香港自古以来就是中国的领土。1842～1997年，香港曾为英国殖民地。第二次世界大战以后，香港经济和社会迅速发展，不仅被誉为"亚洲四小龙"之一，更成为全球最富裕、经济最发达和生活水准最高的地区之一。1997 年 7 月 1 日，中国正式恢复对香港行使主权，成立香港特别行政区。中央拥有对香港的全面管治权，香港保持原有的资本主义制度和生活方式，并可享受外交及国防以外所有事务的高度自治权。"一国两制""港人治港"、高度自治是中国政府的基本国策。

中国香港是全球第三大金融中心，重要的国际金融、贸易和航运中心，与纽约、伦敦并称为"纽伦港"，是全球最自由经济体和最具竞争力城市之一，在世界享有极高声誉，被 Ga WC 评为世界一线城市。是中西方文化交融之地，把华人智慧与西方社会制度优势合二为一，以廉洁的政府、良好的治安、自由的经济体系及完善的法制闻名于世，有"东方之珠""美食天堂"和"购物天堂"等美誉。

（二）"智慧香港"战略与愿景

香港特区政府于 2014 年提出"智慧香港、质优生活"的愿景，这勾画了宏观纲领，让香港通过崭新科技推动经济持续发展、建立分享及协作平台、向公众提供贴心易用和整合的电子服务，以及促进资讯及通信科技业的蓬勃发展。

在 2016 年特区政府施政报告中，时任特首梁振英提出，香港将研究建设"智慧城市"，运用信息和通信技术手段感测、分析、整合城市运行核心系统的各项关键信息，从而对包括民生、环保、公共安全、城市服务、工商业活动在内的各种需求做出智能响应，利用先进的信息技术，实现城市智慧式管理和运行，进而为城市中的人创造更美好的生活，促进城市的和谐、可持续发展。

香港特区政府 2017 年 6 月发布的《香港智慧城市蓝图顾问研究报告》中，"智慧城区"被列为试点项目之一。特区政府资讯科技总监杨德斌在"亚太创新峰会"上介绍，香港智慧城市发展蓝图包含智慧出行、智慧生活、智慧环境、智慧市民、智慧政府和智慧经济等方面，愿景是"拥抱创新科技、构建强大经济、提升生活质量，使香港成为著名的智慧城市"。

（三）"智慧香港"建设方案

1. "智慧香港"建设内容。香港善用信息及通信科技以推动社会及经济发展。香港具备质优和收费相宜的信息及通信科技基础设施，有助提供安全稳妥的电子服务和支持本地信息及通信科技业的发展。在开放市场的环境下，上网服务的收费相宜。香港住户宽带普及率为85%，而流动电话普及率则达23%、均属全球最高之列。香港互联网服务的最高连接速度平均为63.6Mbps，而平均连接速度则为10.9Mbps，两者速度均属全球最高之一。在科技创新发展方面，香港于2012年4月成立了云端运算服务和标准专家小组，以推动香港采用和发展云端运算，并且，积极落实"政府云端运算策略"，计划在未来五年投资2.42亿元构建政府云端平台。

2. "智慧香港"推进策略。第一，活化创新生态系统，支援智能方案的开发、商品化、扩展及向外推介的工作；第二，让公众和企业参与，一同创建智能方案，更妥善满足市民的需要和实现他们的期望；第三，培养拥抱转变及协作的文化，促进智慧城市发展；第四，与城市规划整合；第五，建立一个稳妥健全的数码架构，以支援进一步改善城市基础设施运作和服务；第六，提供支援以消除数码隔膜，并确保智慧城市发展纳入共融元素；第七，为学生和劳动人口装备知识和技能，让他们能在智慧城市中把握机遇；第八，为采购智能方案制订创新策略。

（四）"智慧香港"建设动态

1. 智慧基础设施建设。

（1）大数据：为提高政府在这一新兴领域的专业知识和能力，建议政府参考环球的良好作业模式，制定有关大数据安全和个人私隐的指引，增拨内部大数据技术资源和提升应用能力，推出数码高速公路和具人工智能的大数据开发平台，以支援数据采集和分析。

（2）空间数据：发展空间数据共享平台，为政府部门及公私营机构提供信息基础设施，分享空间数据，支援智慧城市的应用。

（3）政府数据中心：开发应用系统架构及推行中央平台，使政府以更灵活的方式提供电子政府服务。建议开发新的综合云端运算基础架构，提供崭新功能以支援将来的电子政府服务。

（4）网络保安：检讨和更新现行的保安、私隐和网络保护的政策、程序、标准、指引和管治模式；进行检讨并采用良好作业模式和适当的系统和技术基建；制定计划，以提高认知和教育使用者有关智能服务的安全风险和良好作业模式；密切监察物联网安全的发展，并在适当时候制定合适的物联网安全指引和作业模式。

2. 智慧政府。智慧政府的政策方针包括采取以数据主导的模式，进一步促进电子政府和相关公共服务的发展；提供合适的基础设施支援智慧政府的推展工作，以及便利市民使用政府服务及与政府进行交易。预期成果及效益包括使政府在决策过程中能够掌握更多信息，以事实为根据并以数据作主导；提升使用者体验，方便市民与政府接触及互动；以及提升支援应用城市数据的基础设施令社会受惠，从而建立一个更充满活力、动感及安全的社会。

3. 智慧交通。智慧出行的政策方针是让乘客可选择有效的综合多模式运输、推广短途行程采用非机动交通模式和尽量善用公共交通工具；通过使用有效的交通模式，减少碳排放和空气污染，以及通过有效的规划及执法，减轻交通挤塞问题。预期成果及效益包括司机及乘客可更妥善规划行程、使用者在往返香港各处时将有更佳的体验，以及减少碳排放，缔造更环保的香港。智慧出行措施通过高效率及针对性的资本调配模式及基础设施投资，方便市民出行。

4. 智慧环境。智慧环境旨在为香港缔造一个更可持续发展的环境，以及通过减少使用、废物利用和循环再用，优化城市资源的运用，通过改善香港废物管理作业模式以善用废物，并在整体废物管理程序中达致垃圾堆填分流的目的，加强循环再造，以及提升效率。预期成果及效益包括在有关持续发展及绿色生活的概念上，以及全港污染及废物管理方面带来系统性及文化上的转变，从而为所有人缔造更理想及更可持续发展的环境。

5. 智慧教育。智慧市民的政策方针是让市民轻松自在地与服务提供者互动，和参与公民社会事务；协助公私营机构人员、青少年以至长者终身学习科学、科技、工程及数学，使创新及信息科技的开发工作得以顺利进行，并培育一群适应力强并勇于迎接转变的市民，以及进一步发展创新及信息科技人才。同时协助重新培训人才及推动终身学习。

6. 智慧安防。安防大数据平台将八达通刷卡数据、监控视频、地铁内 Wi－Fi 连接数据、社交网络数据等组织起来，将计算出的结果可视化，判断地铁站某个地方的人数是不是到了有可能发生拥挤及踩踏事故的危险点，以达到提前预警和疏散人群的目的。该平台还会根据每个人的位置，通过手机 APP 提醒他应该往哪条路疏散，比纯靠人眼来观察、用经验来处理更加具备准确性和预判性。

（五）"智慧香港"示范应用

根据世界竞争力年报，香港的科技基础设施连续 5 年排名全球第一。香港目前免费的 Wi – Fi 热点已超过 1. 7 万个。在所有公共租住屋邨（公屋）及公立医院、街市、公园、休憩处、海滨长廊、旅游景点、公共交通点及陆路口岸等，都提供免费 Wi – Fi。在"香港智慧城市联盟"召集人杨全盛看来，本港互联网服务已基本实现普及化、自动化、便捷化和环保化。

香港是采用非接触式智能卡应用科技的先驱。年龄在 16 ~ 65 岁的香港市民超过 95％ 都使用八达通卡，仰赖它背后庞大的电子收费系统。如今在香港，从高级商场到便利商店，乘车、搭船、餐饮，人们几乎随时随地都可以用八达通卡交易。在一些学校，八达通已经被纳入到校园管理系统，可用作学校的门禁、考勤、收费等。香港智能化普及早，如今已经融入民众的日常生活中。

此外，智能交通监控系统、24 小时无人便利店、智能 3D 食品打印、无人机送餐、无现金支付平台等，多项智慧城市技术创新成果近日在香港"亚太创新峰会"现场展示，体现了香港打造智慧城市的发展方向。

参考文献

1. 李扬. 智慧城市论坛 [M]. 社会科学文献出版社, 2015.

2. 李宁. 智慧城市标准化建设理论与实践 [M]. 浙江大学出版社, 2016.

3. 马克·迪金. 智慧城市的演化: 管理、模型与分析 [M]. 华中科技大学出版社, 2016.

4. 李林. 智慧城市建设思路与规划 [M]. 东南大学出版社, 2012.

5. 朱桂龙, 樊霞. 智慧城市建设理论与实践 [M]. 科学出版社, 2015.

6. 徐静, 谭章禄. 智慧城市框架与实践 [M]. 电子工业出版社, 2014.

7. 李春华, 许翃章. 智慧城市概论 [M]. 社会科学文献出版社, 2017.

8. 金江军. 迈向智慧城市: 中国城市转型发展之路 [M]. 电子工业出版社, 2013.

9. 郭理桥. 智慧城市理论与实践 [M]. 中国建筑工业出版社, 2014.

10. 何锡涛等. 智慧教育 [M]. 清华大学出版社, 2012.